COLORS Football Club

辻榮勇人
Tsujie Hayato

漫画＝海上潤 Kaijo jun

今日からはじめる！
サッカー療育

梓書院

はじめに 〜本書刊行によせて〜

「サッカー療育」――ちょっと聞き慣れない言葉かもしれません。この言葉から、皆さんはどんなイメージを思い浮かべるでしょうか？

私たちが考えるサッカー療育はその名の通り、「サッカーというスポーツを通して、発達障がいの子どもたちをサポートする療育活動」です。最近、少しずつその意義と活動が認められ始めています。

とはいえ、まだまだ認知度が低いのが実情。私たちがサッカー療育を始めた頃は、全くと言っていいほど知られていない状況でした。そのために「眉唾ものだ」「お金儲けのためにやっているのでは」といった色眼鏡で見られることもありました。

それでも私たちは、サッカー療育が子どもたちの成長に大きな役割を果たせるという信念を曲げずに、ここまでやってきました。

ハートアップが運営するサッカー療育の放課後等デイサービス「カラーズＦＣ」は、

2016年のスタート以来、福岡県と佐賀県で教室を展開し、宮城県、東京都、茨木県でもノウハウを提供。これまで約500名の子どもたちをサポートしてきました（※2021年1月時点）。この500人の子どもたちそれぞれに、何らかの成長、つまり〝良い変化〟があらわれています。

サッカー療育と、カラーズFCの活動について、詳しくは本書を通して語っていきたいと思いますが、私たちがこの一冊を通して伝えたいのは、大きく以下の2つです。

サッカーが、発達障がいの療育活動に大きく貢献できるということ

サッカーは、ルールがシンプルで、ボール以外の道具を必要とせず、個々のスタイルで参加できる数少ないスポーツです。また、チームプレイを通して協調性を育みつつ、上達する過程で自己肯定感が得られるなど、様々な点で療育との親和性があります。さらに、子どもたちは年長者を見ながら「あんな風になりたい」と目標を定めて頑張ることができます。

もちろん、療育活動においては技術の上達が目的ではなく、サッカーをステージとして、

子どもたちが自分の力で成長していくことがゴールです。

子どもたちに明確な目的を与えることの大切さ

カラーズFCの活動を始める前の話ですが、ある小学校に放課後等デイサービスの利用児を迎えにいったところ、その子が近くにいた友達に「どこに行くの?」「何をするの?」と聞かれ、口ごもってしまった……ということがありました。

放課後等デイサービスは子どもたちにとって「何をしにくるところ」なのか分からない場所だったのだと、そこで気づかされました。しかも、その子の代わりに答えようにも、当時の私はその問いに対する答えを持っていなかったのです。

そうした場面でも、子どもたちが自信を持って答えられる場所を作りたい。そんな思いもカラーズFCの活動に込められています。もちろんその〝答え〟とは「サッカーをしに行くんだ!」というものです。

これは「絵を描きに行く」でも「ピアノを弾きに行く」でもいいのかもしれませんが、私たちは「サッカー」を選びました。その理由も、本書を読めばお分かりいただけると思います。

内容はできるだけ読みやすいように、マンガも絡めながら、サッカー療育の詳しい説明や、カラーズFCの具体的な活動内容、保護者の皆さんからいただいた質問、私たちが思い描いている未来などを紹介しています。この一冊を通して、一人でも多くの方にサッカー療育の素晴らしさが伝わり、全国にその輪が広がって、子どもたちの未来が明るくなればと願っています。

２０２１年10月
株式会社ハートアップ
代表取締役　辻榮 勇人

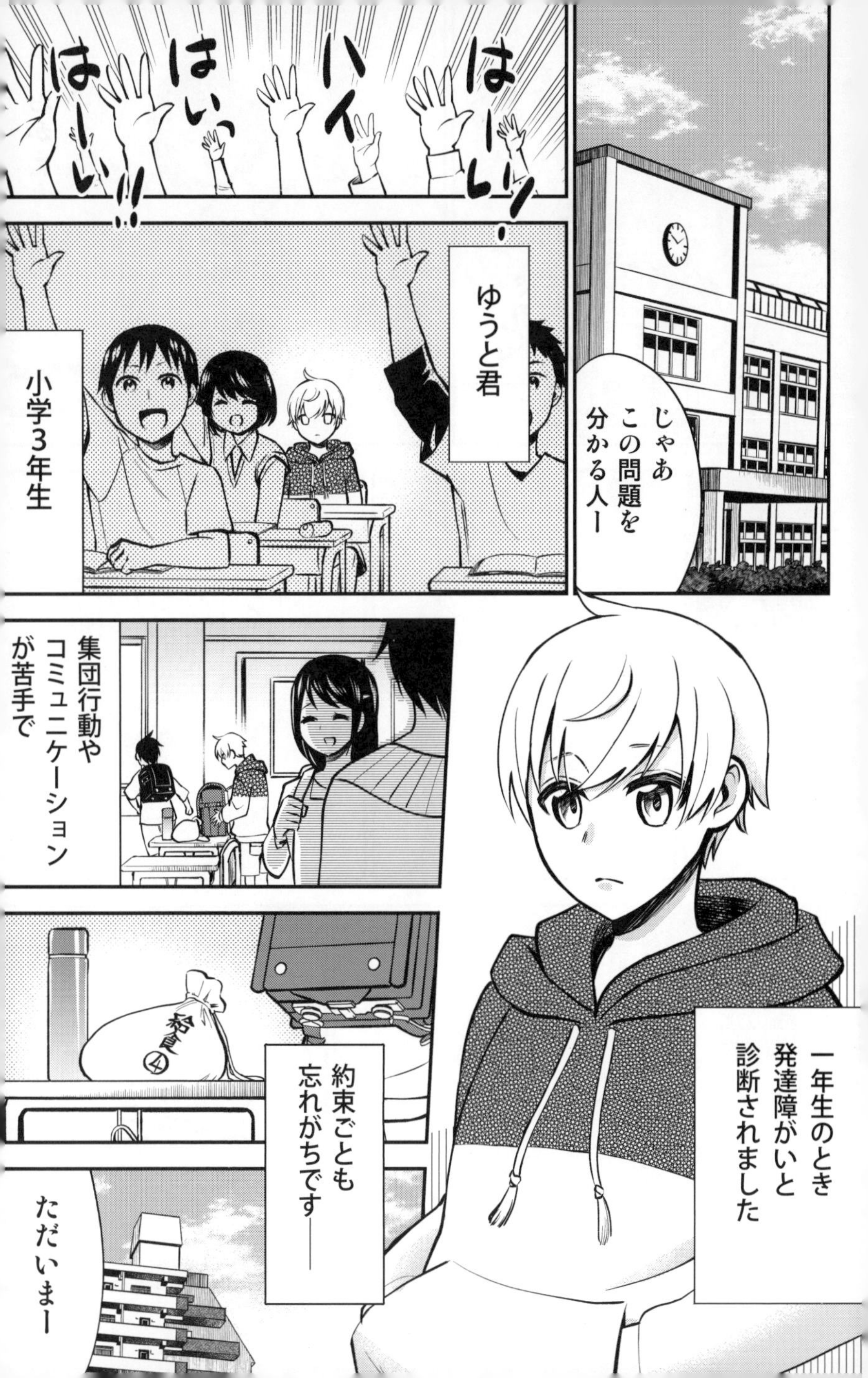
じゃあ この問題を 分かる人ー
はーいッ!
ハイ
はいっ!!
はーい
ゆうと君
小学3年生
一年生のとき 発達障がいと 診断されました
集団行動や コミュニケーション が苦手で
約束ごとも 忘れがちです——
給食
ただいまー

おかえりー
ゆうと
あら？
給食袋と
水筒は？
パタパタ
あ…
忘れちゃった
…そう…
スタ
スタ
ぐしゃ…
…このプリント
期限が先週だわ…

ねぇ パパ
うん?
相談があるんだけど…
友達から私 サッカー療育の話を聞いたの
サッカー療育ぅ?
放デイでサッカーを通して療育をする活動らしいんだけど
ゆうとも通わせてみたらどうかなって!
うぅ〜ん…

※放デイ…放課後デイサービス

…微妙だな
療育って言いながらちゃんとしてないところもあるって聞くし
ゔ…
ガク…
そうなのよね…
そもそもゆうとはチームプレイが苦手だろう？
すぅ
すぅ
サッカーなんて…
でも
気になるの
じゃあ とりあえず見学に行くのは？
実際見るのは聞くのとちがうし…

そうね！
わー
ゆうと見て
ここが
練習場所
だって
うん…
見学の
方ですね!!
お待ちして
ました
今日は
よろしく
お願いします
ペコ
ハイ！
ペコ
すっ
君が
ゆうと君だね！
よろしく！
…

……
ピーーーッ
パス！こっち！
だだっ
シュート！いけっ
ドッ
ザン
ナイスアシスト！
イエーイ！
ワァァァァ…

この子たち 本当に 発達障がい なんですか？
ええ 軽度重度 みんなそれぞれ 違う個性を 持ってます
でも みんなで ゴールするという 目的に向かって 進むことはできるんです
サッカーは誰でも すぐに参加できるし
療育に 向いているんです
マサキ！ ナイスシュート！

おうちに帰って家族で相談して下さい
うちはいつでも歓迎ですよ！
はい　ありがとうございました
ゆうと…
ぎゅ
ゆうとが興味を？
それなら試しに入会してみていいかもね
うんっ
でも合わなかったら早めにやめさせよう
うんっ　わかった！
スヤ

ワァァァ…
ゆうとくん お母さんも それぞれ不安は あるかと思います
お母さん ともかく ゆうとくんを 見守ってあげてください
はい！
ワァァァ
パッ
ゆうと！ まずはパスから始めようか！
あ…はい
かっ
す
ん
ぽい
ドンマイ！ 次いくぞ！
あ…えっと…
はらはらはら

数日後…
その後
ゆうとはどうなの？
うぅ〜ん…
私 初日の様子しか見てないから…
ばぃーーん
いいぞ！
ハワワ…
でも本人は行きたくないとも言わないし…
ただいま
…僕も見学させてもらおうかな
わっ 私も一緒に行く！
ズズ…

数日後
ワッ
なんでこんなにコソコソするの？
そっちいったー！
パース
いや先生には許可もらってるけど…
ボールくるよ！
ゆうとの気が散るといけないからね…
ワーー。
あっ
パニッ
ゆうとっ
ゆうとにボールが…っ
がっ
がんばれー！
キッ

トト
マサキ！
ッ
ドドッ
パ
ナイスパス！
シッ
ナイスシュート！
ぱんっ
すげーいいパス
だったよ
ゆうと！

…ゆうとの
あんな姿
初めて見たな…
…うん…
それじゃ
今日はここまで！
ありがとう
ございました！
ゆうと！
…
あれ？
きてたの？
お母さん！
お父さん！
こんにちはー！
驚きました…
ゆうとがチームに
混ざってプレイ
できるなんて
がんばってたねー！
ほんと？
ははは！
親御さんは
皆そう
おっしゃい
ますよ！

でも
それを実現できるのがサッカーの力なんです!
正直サッカーと療育になんの関係が…って思っていませんでした?
ギクッ
えっ
あっ いやそれはその
スポーツ とりわけサッカーには
発達障がいの子どもたちを成長させる素晴らしいチカラがあるんです!
ほーっ
ここからはサッカー療育について詳しく説明しますね!

今日からはじめる！

サッカー療育＊目次

1 「サッカー療育」とは？

私たちは、放課後等デイサービスの事業にサッカー療育を取り入れた「カラーズＦＣ」の活動を通して、発達障がいの子どもたちへのサポートを行っています。活動を始めたのは２０１６年です。

マンガで紹介したのは、カラーズＦＣに入所してくる子どもと保護者の、典型的なパターンの１つです。ストーリーの中にあった通り、「なぜ発達障がいの療育にサッカーを？」と疑問に思われる方もいらっしゃるかもしれません。実際、このような質問は、カラーズＦＣを立ち上げた当時から多くいただいています。

そういった方々にこそ、本書を読んでいただきたいと思います。

「サッカー療育」という言葉から、通常のサッカーに何か特別なカリキュラムを取り入れた活動をするのかと考えられる方もいるかもしれませんが、子どもたちの活動内容はサッカーの練習と試合、そしてそれに関連した準備、片付け、ミーティングなどで、基本的に一般のクラブチームと変わりません。違いは、発達障がいと診断された子どもたちが集まっていることと、発達障がいのことを理解した指導者によって行われているという点です。

発達支援という観点からも、適切な見守りと指導は必要ですが、サッカーの本質に手を加えることはしていません。理由は、サッカーそのものが療育にとても適しているからです。

冒頭序文でも少し触れましたが、サッカーというスポーツの特徴として、主に以下のようなものが挙げられます。

①ルールがシンプルである
②使う道具が少ない
③チームプレーで行う
④個人としてもプレーできる
⑤誰でも知っているスポーツである　etc.

これらは全て、療育の場においてプラスに働くのです。

①と②は、最も大きな特徴だといえるかもしれません。サッカーのルールは、「手を使わずにゴールに入れる」と至ってシンプル。使う道具もボール1つだけです。

これに対し、発達障がいでは、複雑なルールやプロセスを理解するのが苦手というタイプの子どもが多く見られます（もちろん個人差はありますが）。そのため、活動の中で多くのことを考えたり、複雑な行動をしたりすること—いわゆるマルチタスクを求めすぎると、なかなか上達しないまま挫折してしまう……というケースも多く見られます。その点サッカーのルールは小学校低学年の子にもすぐに理解でき、「ゴールしたら得点」というのも単純明快です。ボールと広い場所さえあれば、あとは体ひとつで誰でもすぐに始められます。

③と④は「社会性を育む」と同時に「個人を尊重する」という点で重要です。サッカーのプレー中はチームメイトや相手の動きを読みながら、自分はどうすればいいか判断しつつ動くことが求められますが、この「他者の行動や意識に合わせる」、「その場の空気を読

む」といった力の向上は発達障がいの療育においても大切な要素です。かつ、そのチームプレーの中でも自分のペースで参加することができるため、無理せずに集団の中での行動原則を身につけていくことができます。

また、⑤の「誰でも知っている」という点も療育の場では有利に働きます。日本サッカー協会（ＪＦＡ）のデータによると、日本国内でサッカーに携わる人々（サッカーファミリー）の数は、２０１５年の時点で５２６万人。たとえサッカーをやったことがないとしても、大抵の子どもはサッカーがどんなスポーツかということは知っています。カラーズＦＣに初めてやってきた子どもでも、「こんなことをやるんだよ」と説明すれば、おおよその想像はできるものです。そして自宅ではテレビでサッカーの試合風景を観ることもでき、プレーのイメージをふくらませることが可能です。好きな選手、憧れの選手が見つかれば、目標を持って頑張ることにつながるかもしれません。

以上のような点が、サッカーが療育に向いている主な理由です。他にも様々な要素が療育に活きてくるのですが、それらについては改めて別の章で、具体的な活動内容とあわせて紹介したいと思います。

放課後等デイサービスの中での立ち位置

これらの優れた点に加えて、私自身がサッカー少年だったということも、サッカー療育を始めた理由の一つです。

私は、小学校からサッカーを始めて、社会人になっても趣味としてプレーを続けています。もはや自分のライフワークと言ってもいいくらいです。このように長く深く関わってきたスポーツだからこそ、自信を持って勧められる、という面も大きいのです。

もちろん、発達障がいの子ども達に対する支援の中で、サッカー療育が全てにおいて優れているというわけではありません。療育には様々なスタイルがあり、それぞれに指導方針を持ち、特徴を活かした活動を進めています。

参考までに、放課後等デイサービスのカテゴリーは、個々の特色によって以下の４つに大きく分けられます。

①お預かり・レスパイトタイプ

放課後等デイサービスの中で、最も多いタイプです。放課後や休日・長期休暇の際に子どもたちの居場所として機能し、様々な活動や体験を通して友だち作りや社会性の獲得の支援を行います。同時に保護者の時間確保や、働いている保護者のための託児機能も併せ持っています。

ちなみに「レスパイト（respite）」は〝一休み〟、〝一時中断〟を意味し、保護者が子どものケアやサポートで疲弊してしまわないよう、休息をとってもらおうというニュアンスが込められています。

②運動・スポーツタイプ

サッカー、水泳、野球などのスポーツや運動、野外活動などで体を動かし、運動機能の向上だけでなく、目的に向かって努力する姿勢や集団での行動規範などを学んでいくタイプ。専門スタッフによる指導で、失敗や挫折を繰り返すことを回避する側面も持っています。カラーズＦＣはこのカテゴリーに該当します。

③学習支援タイプ

学校の勉強についていけない、一般の塾では発達障がいに対する配慮が望めない、といった子どもたちを対象に、専門のスタッフが子ども一人ひとりのペースに合わせて学習をサポートするタイプです。

④療育トレーニングタイプ

前述の①と似ていますが、マンツーマン体制や短時間での集中対応など、より療育効果を高める目的を持った環境での発達支援を行うタイプを指します。療育の現場でも「言語訓練」「作業療法」など、より専門性の高いスタッフが対応します。

（※参考：発達こどもアカデミー施設長・南川悠氏『発達障がい 見方を変えればみんなハッピー』）

主にこれらの特色のもと、それぞれの施設が目標を定めて、特徴を活かした療育活動を行っています。

しかし残念なことに、療育という理念から外れているような施設が一部に見られることも事実です。時折メディアでも報道される通り、放課後等デイサービスの事業所が増えるのに伴い、行政処分を受ける施設も増加傾向にあります。それらの多くは利益を追求した末の給付金の不正受給で処分されており、活動内容もアニメのＤＶＤを見せるだけ……といった、とても療育とは結びつかないようなものだったりします。そのため、冒頭の序文やマンガで触れたように、保護者の間にも「お金儲けのためにやっているのでは」「本当に意味のある活動をしているのか」といった疑心暗鬼が生じてしまい、きちんとした理念を掲げ、子どもを中心に据えて活動している事業所も色眼鏡で見られるようなことになってしまうのです。

サッカー療育に関して言えば、「サッカーを通して自己肯定感を高め、心身を育て、自立を目指す」と、目的も活動内容も極めてシンプルです。子どもたちの成長も日々感じることができますし、保護者の皆さんからも喜びの声がたくさん寄せられています。この「サッカー療育を通して、子どもたちはどのように成長するのか」という点について、次章で詳しく述べていきたいと思います。

2 サッカー療育がもたらすもの

前章で触れたサッカー療育の特徴をもとに、本章ではカラーズFCの活動を通して、子どもたちにどういう成長が見られるのか、ということをお伝えしていきたいと思います。
まず前提として、カラーズFCは「放課後等デイサービス」です。この事業は、厚生労働省のガイドラインでは以下のように記載されています。

放課後等デイサービスの基本的役割（※一部抜粋）
「放課後等デイサービスは、支援を必要とする障害のある子どもに対して、学校や家庭とは異なる時間、空間、人、体験等を通じて、個々の子どもの状況に応じた発達支援を行うことにより、子どもの最善の利益の保障と健全な育成を図るものである。」

同時に、このガイドラインでは、「放課後等デイサービスはこうあるべきだと具体的に示すことは困難である」としつつ、提供される支援の形態は多様であっても、子どもの健全な育成を図るという支援の根幹は共通しているはずである、とされています。

放課後等デイサービスの各事業所では、この「子どもの健全な育成」という目標を掲げつつ、様々なアプローチで子どもたちを支援する活動を行っているのですが、同時にガイドラインでも示唆されている「こうあるべきだと具体的に示すことが困難」という点が、この業界の輪郭をぼやけさせてしまっているとも感じます。

冒頭序文で述べたように、放課後等デイサービスに通う子どもたちが「どこに行くの?」と聞かれても、うまく答えられないということの原因が、このあたりにあるのではないかと思えるのです。そして時に、こうした曖昧さが保護者の不安につながるのかもしれません。子ども自身だけでなく、先生ですらうまく答えられない場所に大切な我が子を預けるというのは、確かに少し違和感があります。

しかし、サッカー療育の活動内容は「サッカーをする」と至ってシンプルです。そして、シンプルだからこそ多くの成長の機会を子どもたちに与えられる、と私は考えています。

もちろんサッカーに限らず、「スポーツ」という大きな括りで共通するメリットもたくさんあります。まずはそこから見ていきましょう。

運動療育で見られる変化

前章で紹介した、放課後等デイサービスのカテゴリーの中に「運動・スポーツタイプ」がありましたが、このタイプの療育活動では、スポーツ全般に共通する以下のような環境が提供できます。

◎体が鍛えられる
◎上達の度合いが分かりやすい
◎勝ち負けがはっきりしている

たとえばカラーズFCの活動では、準備・練習から試合、終わりのミーティングまでを通して2時間近く体を動かします。その中で基礎体力が鍛えられ、瞬発力も磨かれていきます。さらに、適度に全身を動かすことは心の落ち着きを生み、快眠快食や、規則正しい生活にもつながっていきます。

また、何事も上達が自分自身で感じられないと、やりがいも得づらいものです。スポーツの世界では、練習を繰り返すことが上達につながり、それは自分でもすぐに自覚できます。「ボールが遠くまで届くようになった」「パスが正確になった」「初めてシュートが決まった」……こうした一つひとつが「自分にもできた」という自信となり、「もっとうまくなりたい」という向上心を生むのです。

同時に、上達したことがチームメイトから認められたり、先生から褒められたりすることを通して承認欲求が満たされ、これらの体験が自己肯定につながります。

そして、多くのスポーツにある「勝ち負け」。近年の子育てシーンは優劣をつけることを避ける傾向にありますが、いざ社会に出たらそうも言ってはいられません。勝つことで自信をつけ、次に向けて頑張る、負けることで悔しい思いをして、反省と改善をする、という経験は貴重で、こうした体験を無理なく自然に重ねることができるのがスポーツです。

特に、チームで行うスポーツであれば、喜びや悔しさといった思いを仲間と分かち合うことができ、次に向けて互いに励まし合えます。相手チームだけでなく、仲間同士でもライバルや目標ができて、互いに切磋琢磨する機会が得られるかもしれません。

実際にカラーズＦＣの活動の中では、勝ち負けへのこだわりが強すぎるために、入会して間もない頃は負けたり失敗したりすることで大暴れしていた子どもも、活動を通してそうした現実を素直に受け入れられるようになっています。

サッカー療育で見られる変化

以上が、「運動・スポーツタイプ」の療育において、スポーツの種別を問わず共通するポイントですが、これらに加えて、サッカーならではの強みが多くあります。

サッカーが療育に向いている理由は、前章で挙げた通りです。その中で、「ルールがシンプル」「使う道具が少ない」という点を挙げましたが、これは誰もがとっつきやすく、すぐに始められるということを意味し、子どもたちも「自分にもできるんだ」という自信をつけることができます。

この自信は「もっとやりたい！」という積極性につながり、サッカーが上達していくにつれて、多くの子どもたちは指示がなくても自分から動くようになっていきます。ボールひとつでできるスポーツなので、自主練習にも向いているといえます。

また、サッカーは「走る・止まる・蹴る」といった動きを繰り返しますが、その中でも片足で動いている時間が長い、という特徴を持っています。これはバランスをつかさどる「前庭覚」や、体幹を鍛えることにとても役立ちます。そして、足でボールを蹴る力の強弱をコントロールする時には「固有覚」という感覚が活性化されます。これらは、療育という視点において非常に重要な意味を持ちます。

ちなみに、発達障がいの子どもたちに向けた作業療法の中に「感覚統合」というものがあります。この感覚統合療法の重要な要素に、前述の前庭覚を鍛えたり、固有覚を研ぎ澄ませたりするというものがあるのです。

感覚統合は、五感などを通して脳に入ってくる情報を統合・整理し、感情や行動を正しくアウトプットできるようコントロールするための訓練です。発達障がいではこのコントロールが苦手というケースが多く見られるのですが、サッカーではプレーの中で脳に入ってくる情報を素早く処理して次のプレーにつなげるということを繰り返すので、練習や試合がおのずと感覚を鍛え育てることにつながっている、といえます。

少し理屈っぽくなってしまいましたが、サッカー療育が子どもたちの成長にもたらす効果は、以下のようにまとめることができます。

【脳や感覚の発達】

サッカーは脳から一番遠い両足を中心に、体全体を使うスポーツ。片足でバランスをとる時間も長いため、脳や前庭覚、固有覚、触覚などの感覚に良い影響を与えることが期待できる。

【コミュニケーション】

サッカーでは、言葉によるコミュニケーションだけでなく、直感的な非言語コミュニケーションが必要。手や目、体全体を使ったコミュニケーションを学ぶことができる。

【社会性】

シンプルなルールのもと、「ゴールを重ねて勝利を目指す」という同じ目的を持ってプレーすることで、協調性・社会性を自然と身につけることができる。

【集中力】

プレー中は「ボールを追い続ける」ということが求められる。また、試合は常に動いており、プレーしている間は暇な時間がないため、集中力が自ずと鍛えられる。

主なものとして挙げられるのが以上の4つです。これらを同時に、かつ着実に身につけていけるのがサッカー療育だと私は確信していますし、カラーズFCで活動する子どもたちの成長がそれを裏付けてくれています。

自信と喜びをもたらす「グリーンカード」

サッカーが広く認知されているスポーツだといっても、いきなり試合や練習に入るわけではありません。サッカー未経験の子どもが参加する時には、ちょっとした準備が必要です。カラーズFCでは、発達障がいの子どもたちに向けたルーティンを用意して、できるだけスムーズに仲間入りできるように配慮しています。

簡潔に言うと、おおまかなルール説明、先生によるデモンストレーション、そして実際にボールに触れながらのシミュレーションです。このルーティンの中で、先生はその子がどのくらいのレベルなのか、どういったサポートが必要なのかを大まかに見極めます。

中でも重要なのがルール説明です。ここではサッカーのルールだけでなく、話を黙って聞く、先生や仲間の語りかけに対してきちんと返事をする、暴言を吐かない、といった基本的な約束事も同時に伝えます。楽しくプレーするためには、ふるまいを正すという最低限のマナーが必要だからです。先生の話を聞いていなかったら、練習もきちんとできません。そして、これらのルールの中で、療育において効果的なのが「グリーンカード」です。

サッカーでは、ルール違反やスポーツマンシップに反した言動があった時に、イエローカードを示して警告したり、レッドカードで退場を告げたりしますが、この他にグリーンカードというものも存在します。

グリーンカードは、日本サッカー協会でもプレーに取り入れることを奨励しているので、ご存知の方もいらっしゃるかもしれません。これは、子どもたちがサッカーをする中で、フェアプレーやポジティブな言動をした場合に提示されるもので、「良いことをしたら褒める」ということを通して子どもたちの健全な育成を目指すために存在しています。

カラーズFCでもこのグリーンカードを積極的に使っており、たとえば相手チームの選手を思いやるプレーや、自分以外の誰かのために良い行いをした時などにもらえることになっています。

実は、療育の現場において、イエローカードとレッドカードは使いづらい場合もあるのです。これらのカードは、一番はじめに提示された時には「しまった」という感じでプレーを改める効果が見られるのですが、何度も提示されると、その悔しさの裏返しで「別にもらったって痛くも痒くもない」「逆に欲しいくらいだ」といった反応を見せる子どもも現れるようになり、次第に警告カードとしての効果が薄くなることも多いのです。

その点、グリーンカードの効果は絶大です。色々な場面で自信を失いがちな発達障がいの子どもたちにとって、「ほめられる」機会はとても貴重なものだからです。

本来は、良い行いをしたその場で出すのがベストなのですが、試合中などにプレーを中断してカードを出すのも難しいため、全ての活動が終わった後のミーティングの場で、先生たちからグリーンカードを出したい子どもの名前とその行いを挙げてもらい、みんなでほめる、ということをしています。

子どもたちは、グリーンカードをもらうと、とても良い表情を浮かべます。言葉だけでほめるよりも、目で見て、手で触れられるカードという〝モノ〟があり、それをみんなの前でもらえることが嬉しいのです。そして、その体験をした子どもたちは、会場設営の時に積極的に手伝いをしてくれたり、試合中にも感情の爆発を抑えてフェアプレーに徹しようとしたりするようになります。そうした姿を見ていると、「ダメ出しよりも、ほめること」が大切なのだと、改めて気付かされます。


この「ほめて伸ばす」ということは今や常識で、放課後等デイサービスの業界でもみんなこれをやろうとするのですが、一歩間違えると子どもたちが「馬鹿にされている」と受け取ってしまう可能性もあります。たとえば「きれいに靴が置けたね」などと言われても「こんなのできて当たり前。どうしていちいちほめるんだろう」と感じ、逆に子どもの心を傷つける結果になってしまうこともあり得るのです。

その点、サッカーは「きちんとほめる」ことがしやすいという特徴も持っています。試合中に「ナイスプレー！」「ナイスシュート！」といった言葉も言いやすく、「試合には負けたけれど、全力で戦っていることは伝わったよ」といったほめ方もできます。準備中に手伝ってくれた時は「ありがとう」「助かるよ」という声かけのチャンスです。先生たちがこれを徹底していると、おのずと子ども同士でもそういった言葉が出てくるようになります。

ちなみに、カラーズFCでは、グリーンカードが何枚かたまったらその子を表彰する、ということも実施しています。この表彰を受けることを目指し、子どもたちは頑張る気持ちを磨き続けているのです。

カラーズFCで実際に見られた成長

私がサッカー療育の手応えを感じ始めたのは、カラーズFCを立ち上げて半年ほど経った頃のことでした。

立ち上げ前から、「サッカーと療育は親和性が高いはず」と大きな期待を持っていましたし、その根拠となる様々な文献・論文なども存在していましたが、私にとっては初めての取り組みなので、正直言って「果たして結果は……」という不安もありました。しかし、カラーズFCの活動を始めて半年くらい経った頃、子どもたちを見守る中で、その成長が一般的なスタイルの放課後等デイサービスよりもくっきりしていることを実感したのです。

私自身、カラーズFCの活動と並行して、サッカー療育を使わない放課後等デイサービスを運営しています。これはニーズに合わせて提供している場であり、サッカー療育だけが子どもたちの支援ではないと私も考えているので、運営を続けています。

この放課後等デイサービスの場で「みんな、話を聞いて」と語りかけても、全員が一斉に集合して黙って耳を傾ける、といったことを求めるのは難しかったりします。しかし、サッカー療育の場では、同じように語りかけると子どもたちが一斉に集まり、先生を中心にした円陣をきれいに組んで、黙って話を聞いてくれます。「傾聴」ができているのです。

こうしたシーンは多々ありますが、子どもたちの成長を最も感じるのは、「教える側になった時」です。

活動の中では、「長くいる子や年長の子は、年下の子や入ってきたばかりの子にいろいろと教えなきゃいけないんだよ」ということを伝えています。これを伝えられた子どもも、自分が年上の子たちに色々と教わった経験を持っているので、何をすればいいのか、どういう風に教えられたら嬉しいのか、ということが実体験として分かっています。そしてその「教えること」を子どもたちの中でリレーしていくのです。

「こんな風に教えよう」といった具体的な指示は、ほとんどの場合必要ありません。指導者が手取り足取り教えるのではなく、子ども同士で教え合いながら、小さな社会を作っているのです。私たちにできるのは、そういう社会が作りやすい環境を準備すること。そこをきちんとやっておけば、子どもたちは自分で成長したり、互いに成長し合ったりすることができるようになります。

この小さな社会があるからこそ、初めて入ってきた子も「かっこいい」「あんなふうになりたい」と憧れる子がでてきて、やる気を出してくれます。教える側には年長者としての自覚やプライドが芽生え、後輩たちの視線に応えら

活動場所《かつどうばしょ》に着《つ》いてからすること
7カ条《ななかじょう》

その1…靴《くつ》をぬいで体育館《たいいくかん》に入《はい》るべし！ 
その2…荷物《にもつ》をきれいに並《なら》べるべし！ 
その3…先生《せんせい》に連絡帳《れんらくちょう》を渡《わた》すべし！ 
その4…熱《ねつ》を測《はか》ってもらうべし！ 
その5…着替《きが》えるべし！ 
その6…体育館《たいいくかん》シューズに履《は》き替《か》えるべし！
その7…練習《れんしゅう》に参加《さんか》すべし！ 

慣《な》れてきたら、これを素早《すばや》く出来《でき》るように
チャレンジしてみよう！

れる存在でありたいと思うようになっていきます。

これは療育の現場に限らず、大人の社会でも見られることです。先輩に頼ってばかりだった社員が、後輩ができて仕事を教える側に回ったら、急にしっかりしてきて仕事の成績も伸び始めた、といった話は世に溢れています。「教える」ことを通して自分を客観視できるようになり、それが成長のきっかけになるという点は、社会のどの場面においても同じなのです。


もちろん、全ての子どもが大きくステップアップできるわけではありません。たとえば障がい特性が強くて、ボールに触ることすら難しいという子もいました。練習を重ねてもプレー自体はなかなか上達できず、試合でも活躍の機会は得られないという状態が続いていましたが、ある日の試合でチームが勝った時、仲間と一緒にガッツポーズを見せてくれたのです。そうした姿からは、彼は彼なりに自分の役割を感じながらピッチに立っていて、仲間と感情を共有できている、ということが良く分かります。指導者としても、とても嬉しい瞬間でした。

実際、「シュートを決めたらハイタッチしよう」「試合に勝ったらガッツポーズをしよう」

といったことを先生は指導していませんでした。しかし、子どもたちは自分たちでつながりあい、気持ちを共にして、自然にハイタッチをしているのです。

準備や練習の時も同様で、子どもたちは先生の指示にきちんと反応し、自分で考えて動いたり、仲間と助け合ったりします。地域の相談員さんが時折見学に来られますが、活動の様子を見て「とても放課後等デイサービスの様子とは思えない」と驚かれることが多々あります。そして、「なぜここまでできるようになるのか」と説明を求められることもあるのですが、その正しい根拠については私たちもまだ見極めようとしている段階です。

いずれにしても、カラーズFCの活動の中で見られる「良い変化」については、サッカーというスポーツの特徴が作用していると考えられます。たとえば、よくある子ども同士のいさかいは、時間を持て余している時に起こりがちですが、カラーズFCの活動では暇な時間がほとんどありません。また、プレー中には子どもたちの行動をジャッジする「審判」や「コーチ」がいます。スポーツでは審判の指示は絶対なので、全員がルールの中で動くことになります。しかもそのルールは、子どもたちが勝手に変えることができないものです。

子どもたちの遊びにも何らかのルールがあることは多いですが、時にそのルールを、年長の子や発言力の強い子たちが自分の都合で変えてしまうことがあります。すると、他の子どもたちは混乱したり、ついていけなくなったりします。スポーツの中ではそれが起こらないので、子どもたちも安心して活動に取り組めるようです。

このように、今までの活動を通して様々な経験や事例が蓄積されているのですが、私たちはこれらの知見をデータ化し、それを分析することで「なぜここまでできるようになるのか」という質問にも明確に答えられるようにしようと考えています。

詳細は後述しますが、この分析結果をサッカー療育にフィードバックすることで、子どもたちのさらなる成長が期待でき、保護者の期待にも応えていけるのではないかと考えているのです。

その「保護者の期待」についてですが、おそらく放課後等デイサービスに最も求められていることは、子どもたちの「自立」ではないでしょうか。

自立という言葉の本当の意味

私が放課後等デイサービス事業を始めた理由も、この「自立」に関係しています。

以前、私はカンボジアで仕事をしていました。詳しいいきさつは次章で触れますが、そのカンボジアにいた頃、「日本では就労できない人が増えているらしい」「自立できない若者が多くなっているようだ」という話が耳に入りました。海外から見ると、それは非常に気になることだったのです。

就労できないことは、決して悪ではありません。人にはそれぞれの事情があります。しかし、そうした状況にある人も、本当は働きたいのではないかと思います。国のお金で暮らしていくのではなく、仕事をして人の役に立ち、その対価として得たお金で生活し、税金を納める人になる。これは一般的に言われる「自立」です。一人の人間としても生きていく上での自信につながるでしょうし、国の将来を考えると、納税者が増えた方がいいのは間違いありません。

ただ、自立にもいろいろあります。前述の自立は、解釈によっては「人の力を頼らずに自分の力で生きていけること」と考えられてしまいがちですが、はたしてこの考え方は正しいのでしょうか？

私の知る限り、自分の力だけで生きている人はいません。人は誰も、社会との関わりの中で、自分にできることをやって、不得意なことは他者の助けを借り、支え合いながら生きています。無人島や山奥で、電気やガスもない完全に孤立した環境の中を生きている人がいれば話は別ですが、少なくとも日本にはそんな人はいそうもありません。年齢、性別、社会的地位、障がいの有無を問わず、人は他者との関わりの中で生きています。その関わり合いの中でも、一方的に与え続ける人はいないはずです。互いに与え合い、助け合いながら生きているのが自然です。その枠組みの中で、うまく他者と折り合いをつけながら、できる範囲で何かに貢献し、自信を持って生きていくことが真の自立ではないかと思うのです。

発達障がいの例で考えてみましょう。

自閉症スペクトラム障害の人は「空気が読めない」という特徴を持つことが多いと言われています。そうした人が自分の特性を隠しながら社会に出て、その特性のために職場の人とぎくしゃくしてしまい、その場にいづらくなって退職せざるを得なくなった、というようなケースを時折耳にします。転職しても本人は変わらないので同じようなことが繰り返され、自信を無くして自宅に引きこもるようになり、「自立しなさい」とまわりに言われてさらに自信を無くす……いわゆる「ネガティブなループ」です。

しかし、そうならないように予防線を張ることは可能なのではないかと、私は考えています。

たとえば、入社面接の際や、初めて対面する人にあらかじめ「僕、ちょっと空気読めないところがあるかもしれません。でも悪気は全くないんです」と自分から伝えることができていれば、前述のような事態を避けられるかもしれません。このような、ちょっとした対策を自分で立てることができれば、「なんだよ、空気の読めないやつだな」という周囲の反感も、「おいおい、相変わらず空気を読まないな。いかにも君らしいけど」と可愛がられる要素に変えられる可能性があるのです。

つまり、自立とは自分ひとりで生きていく力なのではなく、他の人たちとうまく助け合い、必要に応じてヘルプを求め、理解し合いながら生きていく方法を身につけることなのではないかと思うのです。この力を一人でも多くの人が身につけることができたら、世の中はもっと良くなるに違いない。そんな思いをもって、私はカラーズＦＣを運営しています。

コラム 1

～保護者の目、スタッフの目～

第3章では、サッカー療育が子どもたちにもたらす「良い変化」について紹介しました。こうした変化をより分かりやすくお伝えするため、カラーズFCの保護者アンケートでいただいた声をいくつかピックアップし、内容を抜粋して紹介します。言葉の奥にある、子どもたち、親御さんたちの笑顔も感じ取っていただければ嬉しいです。

広川での合同サッカーに参加しました。頑張っている姿を見られて良かったです。最近は学校での生活も落ち着いてきました。

いつもグリーンカードをもらえたことを嬉しそうに話してくれます。カラーズの先生から支援内容を聞き、家でも実践しています。

今まで運動会に参加できなかったのですが、カラーズに通うようになってからは自信を持って参加できるようになりました。

久しぶりに子どもとサッカーをしたら、ずいぶん上達していました。力加減やパスができるようになっていて、成長を感じられました。

カラーズに通うようになってからは、お友だちとの関わりが増えました。

毎週すごく楽しみにしています。家でもリフティングやヘディングの練習をしています！

カラーズは、子どもの良いところはもちろん、足りないところ、頑張らないといけないところを教えてくれる。子どもと真剣に向き合ってくれていることが伝わってきます。

子どもが『サッカーをしたい』と言っていたのですが、クラブチームに入れるには不安が強すぎたので、こういった放デイでサッカーをやってくれるところがあるのは助かります。

内気だったうちの子が、ここに通うようになって明るくなりました。

また、活動の場で子どもたちを見守り続けている先生たちには、保護者とは違う視点での発見もあります。そんな先生からの「気付き」を一部紹介します。

サッカーを始めた頃は、話を聞けなかったり、集団行動ができなかったりした子が、活動を続ける中で少しずつできるようになった。着実な成長を感じる。

集中して話を聞けるようになった。忘れ物の確認ができるようになり、忘れ物が減った。

休憩をとることが多かった児童が、体力がついて全ての練習に参加できるようになった。

気付いたらいつの間にか自分からリーダーシップを発揮するようになり、優しい声掛けができるようになっていた。

A君は新1年生で勝ち負けへのこだわりが強く、負けたらすぐに泣いていた。集団も苦手で車にも1人で乗らないといけなかったが、サッカー療育の中で“支援カード”や“お約束”を繰り返すことで、スケジュールに沿ってみんなと一緒に行動できるようになり、練習や試合も泣かずにやり遂げられるようになった。

ここで紹介したのはほんの一部ですが、カラーズＦＣの活動は日々こうした新しい気付きに溢れています。

子どもたちの成長は、指導する側にとって何より大きなモチベーションになります。そして、「なぜできるようになったのか？」と考えることが次の指導につながり、先生たちも磨かれていきます。子どもたちの一歩一歩が、カラーズＦＣそのものの成長にもつながっているのです。

できなかったプレーが徐々にできるようになることで自信につながり、プレー以外の場でも周囲に目が向くようになった。活動前の準備の際には、やることを探して率先して動いているのが分かる。

最初は練習に参加できていなかったが、次第に練習の内容が理解できるようになり、少しずつ練習に入って頑張れるようになった。

試合中にトラブルが起きても、先生が入る前に子どもたちだけで話し合い、解決できるようになった。

言葉で説明するのが苦手だったＢ君が、自分から『僕はこうしたい』と、気持ちをきちんと伝えられるようになった。試合の時も、自分から声を出してボールを要求できている。

3 サッカー療育との出会い

私がカラーズＦＣを立ち上げたのは２０１６年。これを書いている時点で６年目になりますが、立ち上げの前と後とで、社会には様々な変化が起きました。そんな中で、発達障がいに対する理解も、少しだけ広がっていると感じます。しかしまだ十分ではありません。今後も、サッカー療育という考え方を広めつつ、子どもたちをサポートし、その活動を通して発達障がいとは何なのか、それに対して社会はどうあるべきかを問い続けていきたいと考えています。

ここで、私がサッカー療育にたどりついたいきさつについても語っておきたいと思います。

私は宮城県仙台市の出身です。前述の通り、小学生の頃にサッカーと出会い、少年時代はずっとチームに所属して、社会人になってもサッカーを続け、今ではそれを自分の生業としています。

少年時代の私は、勉強は得意ではありませんでしたが、運動は得意で何でもこなしました。マラソン、球技、水泳……スポーツを通して自己肯定をしていた気がします。ただ、他の子たちとの違いとして、感覚過敏の傾向がありました。たとえば、電車の通過音や水洗トイレの水を流す音が恐ろしく聞こえる、プールサイドは不潔な気がして裸足で歩くのがとても苦痛、手にベタベタするものが付いたりしようものならたちまちパニックを起こしそうになる、といった具合です。

同時に、落ち着きのないところもありました。教室では先生の話をじっと聞いておられず、授業中に椅子をカタカタと動かしては先生に注意されるような生徒でした。また忘れ物はかなり多く、よく友達に貸してもらっていました。お気づきかと思いますが、私も、発達障がいの要素を少しもった子どもだったのです。

私自身は、サッカーを通して自信を付けつつ、周りからあたたかい目で見守ってもらうなどして、大きな問題を抱えることなく過ごすことができたと思っています。しかしこうした特性が全てなくなる訳ではなく、特に「忘れ物」は今でも多いです……。また「思い立ったら行動しないと気が済まない」という点が進路の不安定さに影響していったのです。

迷走しながら大人になった

ちょっと変わった子と見られながらも、高校までの学業を無事に終えて、卒業後は大学に進学しました。しかし、それまで充実したサッカー生活を送っていた私にとって、大学での生活は何か空しく、面白くなく感じてしまい、すぐに行かなくなりました。学業はこまで、と考え、「安定した職に就きたい」という理由で公務員になろうと決意し、試験を受け、警察官になったのです。

安定を求めたのには理由があります。私の父は会社を仲間と共同経営していたのですが、その共同経営者が突然事故で亡くなってしまい、それから事業がうまく行かなくなり、追い打ちをかけるように父自身も病気で倒れ、最終的には廃業せざるを得なくなったのです。そんな顛末を目の前で見ていたので、私の中には「安定が一番だ」ということが刷り込まれてしまっていたのでした。

しかし、いざ試験に合格し、警察学校に行くと、まわりは誰もが正義感に燃え、社会のために尽くしたいという熱意にあふれた人ばかりでした。それに比べて、「安定した職を」

という自分の動機のなんと浅はかなことか。そんな自分が嫌になり、1年で辞職しました。ただ1つ、小さな収穫がありました。警察学校に通っていた頃、校内の図書室に行き、ふとしたはずみで介護福祉に関する本を手に取り、その内容に興味を持ったのです。

しかし、その頃はまだ福祉というものを自分の職業としてはとらえておらず、警察官を辞めてから、「新天地へ向かおう」とワーキングホリデーを利用してオーストラリアへ旅立ちました。

思い立ったらすぐ行動で、英語力ゼロの状態でスタートしたオーストラリアでの生活は苦難の連続でした。そんな中で他の国の人とシェアをして一緒に住んだり、仕事をしたり、福祉の現場でボランティアをしたりした経験は大きな財産になっています。しかし1年が過ぎた頃、オーストラリアには自分の求めていたものがなかったことに気付きました。元々、自分が何を求めているのかすらはっきりしないまま行動していたので当然です。オーストラリアに罪はありません。とりあえず現地で仕事をしていたおかげでお金も少しは貯まっていたのですが、当時は超が付くほどの円高で、日本にそのまま帰っては損をすると思い、一路東南アジアへ。各国を巡って見聞を広めつつ多くの人と出会い、その後日本に帰って、故郷・宮城で介護の仕事に就きました。警察学校で拾った種が、ようやく芽を出したのです。これで自分も腰を落ち着けて、社会の役に立つことができると考えていた、そんな矢先にとんでもないことが起きました。東日本大震災です。

私は介護の仕事をしていた勤務先で被災し家に帰るまで家族の安否が確認できませんでした。介護の仕事で高齢者の安全を確保してからの帰宅は22時を過ぎていました。自転車で何とか家にたどり着き、家族の顔を見たときの「安心」は忘れません。停電が回復しテレビの報道を見るとものすごい光景が目に飛びこんで来ました。幼いころ家族で海水浴やキャンプで訪れていた、私が一番好きな町「女川町」が津波にのみ込まれ何もかもなくなり、ただ虚無感だけが残りました。途方に暮れ、働く意欲も失くしかけていた時に、東南アジアを旅していた頃に出会った経営者から連絡があり「カンボジアに来ないか」と声をかけられたのです。

ともかく何かアクションを起こさなくては、そう思った私はその経営者を頼ってカンボジアに飛び、現地で就職。仕事は、カンボジアの新しいまちづくりに関するもので、やりがいもあり、多くの経営者とも出会うことができました。そうした先輩たちと親交を深める中で、日本の将来を憂える様々な声を聴いたのです。中でも深刻なのが、目前に迫った超高齢化社会や、国の税収減、福祉の未来などの話でした。その中に、前章で述べたような「日本では就労できない若い人が増えている」という話もあったのです。

漠然と抱え始めた「目標」

外国にいると、かえって母国の課題が鮮明に見えてくる時があるものです。特に、発展に向けた伸びしろがあり勢いに乗っているカンボジアと、成熟期を過ぎて斜陽を迎えようとしている日本との対比はあまりにもくっきりしていました。人生の先輩である経営者の方々から様々な話を聞く中で、「いつか日本に戻ったら、将来への課題に向けて何か貢献できる仕事をしたい」と思い始めたのです。

そんなことを漠然と考えつつも、自分が携わるプロジェクトは進行中だったので、日本にいつ帰るかといったことは先送りにしていました。しかし、帰国のきっかけは思いがけないタイミングで訪れました。仕事の休みの日に仲間たちとフットサルをしていて、ボールが眼に直撃し、眼窩底骨折をしてしまったのです。手術のために急きょ帰国し、無事に手術を終えて一旦カンボジアに戻ったのですが、定期的な通院治療が必要なこともあって、このまま都市開発の仕事を続けることは無理だと判断し、プロジェクトは引き継いで日本に帰ることに決めました。

帰国後は仲間からの声かけで介護の仕事に戻り、九州は久留米の地に腰を落ち着け、介護施設の施設長となりました。そんな中で、「自分だからできることとは何か」を考え、自分自身の経験もふまえて発達障がいの子どもたちをサポートすることができるはずだと、放課後等デイサービス「発達未来塾　カラーズ」を立ち上げたのです。

「発達未来塾カラーズ」から「カラーズFC」へ

カラーズでの活動は、手探りの中で始まりました。セミナーや勉強会に足を運び、様々な書籍も読み漁ったのですが、座学と実践では様々なギャップがあり、戸惑うことばかりです。

そんな中でも私の中にあったのは、「子どもたちが自立できるチャンスを広げたい」という強い思いでした。「子どもたちの成長をもっとサポートできる方法は」「発達支援の本質とは何か」「子どもたちはどんな時に自己肯定できるのか」、自問を重ねていた頃に、冒頭序文で述べたできごとがあったのです。

その頃はまだカラーズFCは誕生しておらず、「発達未来塾 カラーズ」の活動においてのことです。カラーズに通う児童を小学校まで迎えに行ったところ、その子は友達から「どこに行くの？」「何をするの？」とたずねられ、何も答えられずにいたのです。私もその場で、何も言えずにただ沈黙するしかありませんでした。

子どもたちの素朴な疑問に対し、運営者である自分でさえ説明できない施設とは何なのか。そんな疑問は日増しに大きくなりました。答えを探す日々の中で、私は自分自身の少年時代を振り返り、自分が常に心のよりどころにしていたサッカーであれば、子どもたちをサポートできるのではと思い至ったのです。

幸い、サッカー療育についてはいくつかの先進事例がありました。ヨーロッパでは運動療育の手段としてサッカーは広く用いられており、日本でも、数は限られていますが、いくつかの団体でサッカー療育が取り入れられていました。そんな中の1つ、広島にある団体にコンタクトを取り、実際の活動内容を見学、ドクターの見解も聞かせていただいて、「これだ！」という手応えを得たのです。

その後、「発達未来塾 カラーズ」とは別の拠点として、サッカー療育を行う「カラーズFC」を立ち上げました。しかし当時は、発達支援というものについて社会全体が模索を続けている段階であり、私たちの活動も時にバッシングを受けることがありました。

「発達未来塾 カラーズ」を立ち上げた当初も、相当に風当りは強く、「介護の人間がなぜ発達障がいの分野に足を踏み入れるのか」「金儲けのためにやっているに違いない」といった誹謗中傷を受けましたが、それはサッカー療育でも同じでした。「サッカーで発達支援ができるはずがない」といった意見もいただきましたし、あからさまな反発を受けることもありました。

また、反発やバッシングではなく、私たちのことを考えた上での否定的な声もたくさんいただきました。中でも多かったのが「発達障がいの子どもにチームで行うスポーツは向いていない」「天気や施設確保の都合で活動場所が変わると子どもたちは混乱する」といったものでしたが、実際にやってみると、子どもたちはたとえチームで行うスポーツであっても、自分たちの力で徐々に順応していったのです。

活動場所の問題は私たちにとっても大きな不安材料でしたが、これも雨等で活動場所が変わったとしても事前に話をしておくことで大きな混乱なく活動することができています。

カラーズFCを立ち上げるにあたって、私にはサッカーを通して子どもたちの成長をサポートできるという確信があり、同じ志を持った仲間たちがいました。地域の方々にも、少しずつ理解の輪が広がっていきました。根気強く説明を繰り返し、実際に活動を見ていただき、自分達がするべきことに打ちこんでいれば、自ずと賛同者が現れるものです。

また、私の中で一貫していたのは、カンボジアで思った「いつか日本に戻ったら、将来への課題に向けて何か貢献できる仕事をしたい」という思いでした。

現地で出会った多くの経営者が、日本の将来を深く憂えていました。少子化、高齢化、労働力人口の減少、東京一極化による地方の衰退、税収減……中でも私が関心を持ったのが、ニートや引きこもりの増加です。何らかの理由で働けなくなった人が増えている。もちろん、抜き差しならなくなった状況で国の援助を頼るのは決して悪いことではありません。ただ、日本の将来に目を向けた場合、そして本人の生きがいを考えた場合、働いて人の役に立ち、納税者として生きていける方がいいと私は考えています。報道で見られるように、ニートや引きこもりの方々も「できれば外に出て働きたい」と考えている人が大半です。

同時に、何らかの障がいを抱えているために生きづらさがある、社会にうまくなじめない、頑張っても定職に就けないといった問題に直面する人が一定数いるのであれば、できるだけそうならないように支援する環境を幼児・児童の頃から整え、社会でもそうした人々を受け入れられる環境づくりを進めるべきだと私は考えています。これは「発達未来塾カラーズ」を立ち上げる前からの私の信念であり、カラーズFCにおける社会的意義でもあります。今後も変わることはありません。

とはいえ、カラーズFCの立ち上げ時に大きな不安があったのも事実です。「できる」と信じてはいたものの、子どもたちの特性は様々。現場でどのような状態になるのかはやって見ないと分からない部分も多く、文字通りの手探り状態でした。しかし実際に始めてみると、思いのほかスムーズに運営できました。

これは元々「発達未来塾 カラーズ」で、子どもたちの特性や、効果的な指示の出し方、具体的な指導方法などのノウハウがある程度蓄積されていたので、それを活かしながらサッカーを教えることができた、という点に起因していると思われます。

子どもたちには、特に大きな混乱は見られませんでした。スポーツならではの、「蹴った」とか「押された」といった些細なきっかけで、ケンカが起きたりするかもしれないと懸念していた部分もありましたが、それらも杞憂でした。むしろ逆で、プレー中に点が入ると、子ども同士でハイタッチをしたり、互いに声を掛け合ったりする姿が見られたのです。そうした光景を見て私の不安は消え、「サッカーは、やはり療育にマッチしている」という大きな確信に変わっていきました。

活動開始から数年の間に、カラーズFCの活動を見学された地域の相談員の方からは「とても発達障がいの子どもたちとは思えない」「運動したいという子を知っているから紹介させてほしい」といった声をいただくようになり、保護者の方も子どもの成長や変化に気付いてくださるようになって、そうした声が少しずつ浸透して、カラーズFCの活動範囲も広まりました。今は福岡県と佐賀県の3拠点に加え、宮城県、東京都、茨木県でも活動を展開しています。ノウハウも蓄積され、独自の療育メニューもできあがりました。今後はもっと活動拠点を増やして、サッカー療育の素晴らしさを広めつつ、子どもたちが自信を持って成長していける場をどの地域でも利用できるようにしていきたいという新しい目標も生まれました。今はそこに向かって準備している段階です。

同時に、各地域にはスポーツをしたくても、発達障がいが壁になって、地元のクラブや少年団に入れないという子どもたちが大勢います。そういった子どもたちの受け皿としての役割も担っていければと考えています。

私には、子どもたちに寄り添うことができるという自分なりの強みがあります。私自身、子ども時代は明らかに周りと異なる特性を持っていたからです。それらは経験と失敗と学びを繰り返す中で目立たなくなりましたが、あの頃抱えていた「なんとなく生きづらさを感じる」という感覚は今も鮮明に覚えています。

「じっとしていられない」

「音読や漢字が苦手」

「音や匂いで変調を起こす」

「興味のある方に次々に意識が分散して一つのことに集中できない」

「極端な負けず嫌い」

そんな子どもたちの気持ちを、ほんの少しでも理解してあげられる。この思考や感覚を分かりやすく説明できる時もあれば、理解はできても他者に伝えるのが難しいこともあります。しかし、少しでも共感できるということは大きいと、自分では考えています。この仕事を天職としてとらえることができたのも、そういった面が一因としてあるのかもしれません。

4 カラーズFCの活動内容

私たち「カラーズFC」は九州を拠点に、その活動を全国に広げています。今後もパートナー企業を増やし、より多くの拠点を設け、サッカー療育が行える場をくまなくお届けできるようにしていきたいと考えています。

もちろん、場所が変わってもカラーズが提供するサッカー療育の内容は基本的に同じです。ここまで、サッカー療育の考え方や、その活動の中で期待できる子どもたちの成長などについて述べてきましたが、本章ではより具体的に、実際の教室のメニューに沿って療育内容をお伝えしたいと思います。

まずは視覚的に見ていただくのが一番分かりやすいでしょう。佐賀県鳥栖市のカラーズFC大正町教室で実際に行われた、ある日の活動内容（屋内活動）をタイムスケジュールで示します。

16:00	**①集合、点呼、ミーティング**
	本日のテーマ「人を見る」について説明、及びメニュー説明。
16:05	**②リアクションゲーム**
	先生が左右の手にコーンを下げて生徒の前に立ち、コーンを上げた方に生徒は動く。 後半はコーンを上げた側にいる子が逃げて、もう一人が追うゲームを行う。
16:10	**③ドリブル練習**
	ドリブルをしながら先方にあるコーンを回って、次の人にパス、という流れを続ける。
16:20	**④３人１組でパス練習**
	３人が等間隔で並び、１→２→３→２→１とパスを往復でつないでいく。
16:30	**⑤ドリブル＆パス練習**
	パイロンを床にランダムに置き、その間を縫って２人１組でパスをつなぎながら、ゴールまでドリブルしてシュートを決める。 途中から先生も入って２人を追いかけてボールを奪おうとするゲームに変化する。
16:50	**⑥練習フォーメーションの片付け、試合準備**
	パイロンやボールの片付けを全員で行う。片付けが終わったら、試合のチーム編成と順番を伝え、待機チームは指定の場所へ移動する。
17:00	**⑦試合（A）開始**
	５～７人編成のチームに分かれ、１試合５分で交替しながら試合を行う。
17:20	**⑧試合（B）開始**
	先生もプレーに参加して、試合のテンポアップ、レベルアップをしつつ、多くの子がボールに触れられるようチャンスを与える。
17:50	**⑨終わりのミーティング**
	その日の振り返りを行い、連絡事項を伝える。グリーンカードに該当する子どもにはカードを授与し全員の拍手で称える。
18:00	**⑩解散**

以上が、カラーズFCの教室で行う活動の一例です。流れを通して見ていただくと分かる通り、基本はサッカーの練習と試合に徹しています。これについては2章の冒頭で述べた通りです。

以下、各メニューのポイントについて補足します。

①集合、点呼、ミーティング

活動前・活動後のミーティングは円陣を組んで先生を中心に行います。ミーティングの中で先生は練習メニューカードを使い、「今日はまずこれをやって、次にこれをやります」と順序立てて、分かりやすい言葉でメニューを説明していきます。また、活動ではその日その日のテーマを設けているので、テーマを実現するために具体的にどのようにプレーすれば良いかも伝えます。

②リアクションゲーム

このメニューは「注視すること」、つまり集中して対象を見る力を養うために取り入れています。基礎訓練として実施していますが、こうした内容は理学療法士を交えて検討会を重ね、子ども達が楽しめて、かつ成果が期待できる方法を随時決めています。

また、後半で行う「追う・逃げる」はマルチタスク（同時に複数の思考・行動をする）の練習です。先生は「右……とみせかけて左!」などとフェイントも交え、子どもたちの集中が途切れないように工夫しています。

③ドリブル練習

一般的なサッカーのドリブル練習と同じですが、教室では「ドリブルは細かく!」「たくさんボールにさわって!」などの具体的な指示がたくさん飛びます。

ただし、低学年の子は指示に対応できる限界があるので、あまり多くを伝え過ぎないように注意を払います。

④3人1組でパス練習

こちらも一般的なサッカー練習と同じですが、③と同様、先生たちが心掛けているのは、曖昧な指示を出さないこと。実際にやって見せながら「足の内側で押し出す感じ」「ボールの中心と同じ高さで蹴ろう」などとイメージしやすいように伝えます。

⑤ドリブル&パス練習

この練習では「見る力」を鍛えます。ここまでの練習と違って、移動しながら、ペアを組んだ相手、ボール、床に散らばったコーン、そしてゴールを意識する必要があり、繰り返し練習することで、動くもの、動かないものを判断する力を伸ばします。

後半は先生も加わって練習に変化をつけると同時に、少しだけ動きを複雑化していきます。

⑥練習フォーメーションの片付け、試合準備

ここまでは練習、ここからが試合、という気持ちの切り替えを行うため、全員参加でパイロンやボールを片付けて会場を整えます。道具類を集める際には、先生が全員に目を配りながら、自分が使っていない道具も積極的に回収している子がいれば褒めることも忘れません。

⑦⑧試合

いよいよチーム対抗の試合です。先生は、ファウルはないか、試合の波に乗りきれてい

ない子がいないか、などについて目配りをしながら、「味方同士でもっと声を出し合って！」などといった指導を与えます。時には「全集中！」などと人気アニメのセリフで声掛けをして、場を盛り上げたりもします。子どもたちの心をつかむために、先生も人気のアニメなどをこまめにチェックしているのです。

後半は先生も仲間に入ることでゲームに変化をつけていきます。点数も入りやすくなるので、試合に面白みが増し、先生も一人ひとりのプレーを直接サポートすることができます。

⑨終わりのミーティング

開始の時と同様、円陣を組んでミーティングを行います。先生は練習・試合を通して子どもたちを見守っているので、印象に残った良いプレーや行いをこの場で発表し、対象となる子どもにはグリーンカードを渡して、全員の拍手でその行為を称えます。

そして、定時間になったら解散です。それぞれの送迎車に乗りこんで家路につきます。

ゲート通過シュート

ルール

ゴールに向かいコーンで設置した
ゲートを通過してシュートする。

〜バリエーション〜
・ゲート通過する数を決める
・ゲートの向きを不規則にする
・シュートする地点を遠くする

期待できる効果

●ボールタッチを行うことでの触覚刺激による発達
●固有受容覚の発達
（ボールと一緒にドリブルする為の筋の伸び縮み・
どのくらいの強弱で触れればドリブルできるかの把握）
●眼球運動の発達
（ボールへの追視・進行方向への注視点移行など）
●走行及び片脚立位での姿勢・バランスの発達
●身体図式（ボディイメージ）の発達
●運動企画
（運動するときの順序を頭の中で考え、
それを行動に変えていくような能力）の発達
●目と手足、体幹の協応の発達（協調性動作）

訓練説明時
●聴覚刺激による発達
〔言語指示や音（ホイッスル）の統合〕

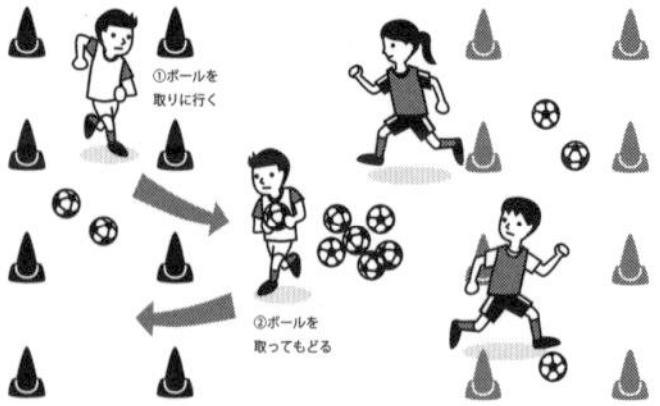

ボール集めゲーム

ルール

自分の陣地をコーンで作り、
最初に真ん中にボールを集めておく。
コーチの合図でボールを取り、
自陣に持って帰る。
他の陣地からもボールを取ってよい。
ただし１回に持てるボールの数は
一つとする。
制限時間内で多くのボールを集めた
選手の勝ち！

〜バリエーション〜
人数が多ければ２人組などにするが、
一斉には取りに行けない。
順番に取りに行く。
最初は手で行い、慣れてきたら足で行う。

期待できる効果

●触覚刺激による発達
●固有受容覚の発達
（身体の部位の位置の把握、筋の伸び縮み・強弱の把握）
●前庭核の発達
（頭や身体の動き、スピード感、回転、揺れの発達）
●眼球運動の発達
（追視・注視点移行・輻輳・開散など）
●運動企画
（運動するときの順序を頭の中で考え、
それを行動に変えていくような能力）の発達
●目と手、目と足の協応の発達
（巧緻動作や協調性動作）

郵 便 は が き

料金受取人払郵便

博多北局
承 認
0085

差出有効期間
2023年4月
30日まで

8 1 2－8 7 9 0

169

福岡市博多区千代3-2-1
麻生ハウス3F

㈱ 梓 書 院

読者カード係 行

ご愛読ありがとうございます

お客様のご意見をお聞かせ頂きたく、アンケートにご協力下さい。

ふりがな お 名 前	性 別（男・女）
ご 住 所 〒	
電 話	
ご 職 業	（ 歳）

梓書院の本をお買い求め頂きありがとうございます。

下の項目についてご意見をお聞かせいただきたく、
ご記入のうえご投函いただきますようお願い致します。

お求めになった本のタイトル
ご購入の動機 1書店の店頭でみて　2新聞雑誌等の広告をみて　3書評をみて 4人にすすめられて　5その他（　　　　　　　） ＊お買い上げ書店名（　　　　　　　）
本書についてのご感想・ご意見をお聞かせ下さい。 〈内容について〉 〈装幀について〉（カバー・表紙・タイトル・編集）
今興味があるテーマ・企画などお聞かせ下さい。
ご出版を考えられたことはございますか？ ・ある　・ない　・現在、考えている

ご協力ありがとうございました。

これは、「カラーズＦＣ大正町」で２０２１年１月20日に実際に行われた活動内容です。サンプルとしてピックアップしていますが、基本構成や内容は、場所や季節を問わずおおむねこのような感じで、メンバーの習熟度や、天候、子どもたちの雰囲気によってメニューを変えるなどして調整しています。

このカラーズＦＣ大正町には、10以上の小学校から子どもたちが集まってきます。年齢も個性も様々ですが、みんなサッカーが大好きです。中には、保護者の方から「学校の体育の授業に参加できていない」と聞かされた子どももいますが、カラーズＦＣにくると、楽しそうにサッカーをしています。その姿を見ると、逆に体育の授業に参加できていない様子を想像するのが難しく感じるほどです。

地域の相談員の方の見学も随時受け入れていますが、「想像以上です」「サッカーとして成立できているんですね」といった声が聞かれます。そして、実際に見学された相談員の方々は、カラーズＦＣを積極的に保護者へ紹介してくださるようになります。

保護者の方が最も心配されるのは、入所したばかりの時期かと思います。ただ、私たちは特別な「入所時プログラム」のようなものは組んでいません。もちろん、障がい特性が強い子が入所する際はマンツーマンでのサポートを経て、少しずつ活動になじんでいってもらえるよう取り計らいますが、通常は第3章で紹介したように、教室の説明をして、ルールを伝え、何をやるのか先生がデモンストレーションしてそれを真似てもらい、そのまま練習に入っていく……という流れがほとんどです。子どもたちもサッカーのことは知っていますし、ある程度想像はできているので、お互いに構えず自然に仲間入りしていくのが一番だと考えています。

配慮はしても差別はしない

私たちは、カラーズFCの立ち上げ時から手探りで「子どもたちのために何がいいのか」ということを考え続けてきました。その結論の1つが「配慮はしても差別はしない」ということです。障がい特性に合わせた配慮は必要ですが、サッカーというスポーツの中では、ルール上駄目なものは駄目。そこに触れるような言動があれば厳しく指導する、というのがカラーズＦＣでの決まりごとになっています。

「発達障がいの子どもだから」といって必要以上にルールを甘くしたりすることはありません。どうしても1人で実現するのが難しいことがあれば必要なフォローをしますが、手を貸す際にも腫れ物に触れるような接し方はしません。「こんな障害を持つ□□君」ではなく、「□□君」として向き合います。そうした環境の中で、「自分にはできている」という感覚を持てることが、子どもたちの自信につながると思うからです。

また、こういう例もありました。Ａ君は発達障がいの診断を受けていますが、運動全般を人より上手にこなせる能力があり、学校でも一目置かれて、いわゆる「天狗」になっている状態でした（まるで少年時代の私のようです）。しかし、サッカーをやってみたら、同じ年代でも自分よりずっと上手にプレーする子がいることを知り、愕然としました。井の中の蛙が大海を知った状態です。Ａ君は相手の子をライバル的な存在として認識し、もっとうまくなりたいという意欲が湧いてきて、カラーズＦＣに通うようになったのです。練習に打ち込んでいるＡ君の横顔はとても凛としていて、充実していることが伝わってきます。

このように、様々な子どもを受け入れることができるのも、懐の深いサッカーを活動の軸にしているカラーズＦＣの強みだと考えています。もちろん、子どもたちだけでなく、保護者の方からの要望にも応えています。後のマンガでも出てきますが、私たちが年に２〜３回実施している「親子サッカー大会」というものがあります。これは、「子どもたちと一緒にプレーしながらその成長を感じてみたい」という親御さんからのリクエストに応えるかたちで始まったものです。親子サッカーではいつも以上に笑顔があふれ、子どもたちも張り切ってプレーしてくれます。私たちもエネルギーをもらえるイベントです。

ちなみに、現場で指導にあたるスタッフも、子どもたちに負けず多種多様です。アビスパ福岡のユースに所属していた元選手がいるかと思えば、サッカーのクラブチーム指導者、理学療法士、福祉の資格は持っているがサッカーは未経験……など様々。こうした指導陣が、それぞれの得意を発揮しながら、「子どもたちのために何が必要か」ということを中心に据えて知恵を絞り、教室の運営に日々力を尽くしています。

コントロールパス

ルール

離れた位置に四角のゴール（ゾーン）を設置し、選手はボールを蹴って
決められた範囲にボールが止まるよう
調節する。

～バリエーション～
- 最初は近くから、成功すれば徐々に距離を伸ばしていく。
- ゾーンを狭くする。

期待できる効果

●固有受容覚の発達
（身体の部位の位置の把握、筋の伸び縮み・強弱の把握）
●触覚刺激による発達
●眼球運動の発達
（追視・注視点移行・輻輳・開散など）
●身体図式（ボディイメージ）の発達
●運動企画
（運動するときの順序を頭の中で考え、それを行動に変えていくような能力）の発達
●姿勢・バランスの発達

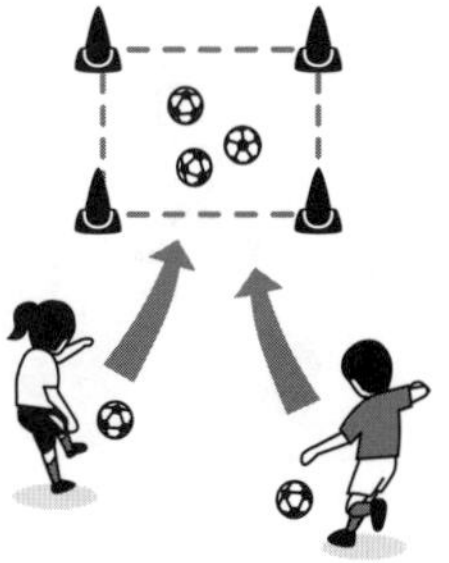

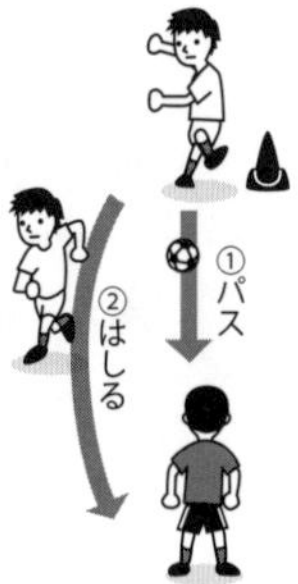

対面パス

ルール

①最低5人1組でボール1個
②１０～１５mの間隔でコーンを置き分かれて対面して並ぶ。
③ボールを持っている人は、向かい側へパスをしたら対面に走る。
次の人も同様に行い、これを繰り返す

～バリエーション～
- ダイレクトパス
- 止める（トラップ）する

期待できる効果

●片脚立位姿勢でのバランスの発達
●眼球運動の発達
（ボールを追いかけることによる追視力・注意力の発達）
●身体図式
（ボディイメージの発達）
●運動企画
（運動するときの順序を頭の中で考え、それを行動に変えていくような能力）の発達
●目と手、目と足の協応の発達
（巧緻動作や協調性動作）
●固有受容覚の発達
（身体の部位の位置の把握、筋の伸び縮み・強弱の把握）

コーンドリブル

ルール

並べられたコーンを様々な方法で
ドリブルをする。
左右交互に行うと良い。
・コーンの横を通り１周する
・ジグザグにドリブルをする
・横向きに行う
・右足、左足、足の裏など
色々な部位を使うよう心がける

期待できる効果

●ボールタッチを行うことでの触覚刺激による発達
●固有受容覚の発達
（ボールと一緒にドリブルする為の筋の伸び縮み
・どのくらいの強弱で触れればドリブルできるかの把握）
●眼球運動の発達
（ボールへの追視・進行方向への注視点移行など）
●走行及び片脚立位での姿勢・バランスの発達
●身体図式（ボディイメージ）の発達
●運動企画
（運動するときの順序を頭の中で考え、それを行動に
変えていくような能力）の発達
●目と手足、体幹の協応の発達（協調性動作）

訓練説明時
●聴覚刺激による発達
〔言語指示や音（ホイッスル）の統合〕

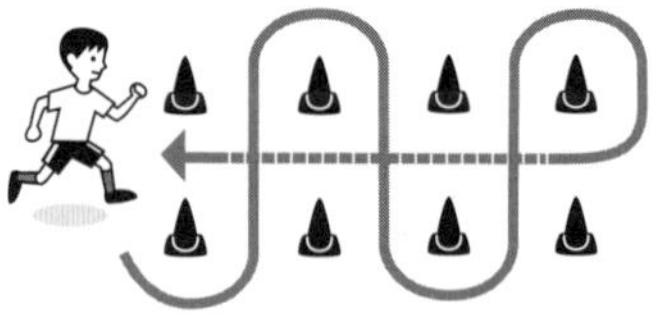

追跡ドリブル

ルール

①2人1組、
前と後ろになる人を決める。
②前の人は様々な動きを入れて
フリーランニング。
③後ろの人は、前に人の動きを見ながら
ドリブルでついていく。

※前の人は様々な動きを取り入れる。
後ろの人は離されないように
ドリブルをする。

期待できる効果

●細かいボールタッチを行うことでの触覚刺激による発達
●前庭核の発達
（ドリブルを行うことでの頭や身体の動き、スピード感、
回転、揺れの発達）
●固有受容覚の発達
（追跡するために必要な筋の伸び縮み・強弱の把握）
●身体図式（ボディイメージ）の発達
●眼球運動の発達
（追視・注視点移行・輻輳・開散など）
●視覚からの情報・処理の発達
（ボールや相手、空間の中の形や色の識別、どのような
動きをしているかの識別処理）
訓練説明時
●聴覚刺激による発達
〔言語指示や音（ホイッスル）の統合〕

ステップトレーニング

ルール

マーカーを約1m間隔に置く。マーカー間を使って
フットワークドリルを以下のようなパターンで行う。

パターン1
リズム良く走る。
(A) マーカー間1ステップ
(B) マーカー間2ステップ(常に同じ足が軸となるので、
2回行って踏み込む足を変える)。
(C) マーカー間3ステップ。
(D) 横向きでマーカー間2ステップ
(右左／左右〜右左／左右。左右向きを変える。
(E) マーカーの上で片足あげる（左右)。
(F) マーカーの上で片足あげ（左右)、
コーチの合図ですぐに足を替える。
(G) サイドステップでジグザグ。
(H) 後ろ向き。
(I) 2〜4人1組で手をつなぎ、ジグザグにステップ。
(J) 列を何列かつくり、他のグループと競争。

パターン2
リズムよくステップ。
(A) マーカー上で両手を上げ、両足を広げる。
マーカーがないところでは両手両足を閉じる。
(B) マーカー上で両手両足を広げる。マーカーが
ないところで足をクロスして手を前に出す。
(C) マーカー上では身体の前でかかとを触り、
マーカーがないところでは身体の後ろでかかとを触る。

期待できる効果

●聴覚刺激による発達
（言語指示や音の統合）
●前庭核の発達
（頭や身体の動き、スピード感、回転、揺れの発達）
●固有受容覚の発達
（身体の部位の位置の把握、筋の伸び縮み・強弱の把握）
●視覚からの情報・処理の発達
（空間の中の形や色の識別、どのような動きをして
いるかの識別処理）
●身体図式（ボディイメージ）の発達
●姿勢・バランスの発達

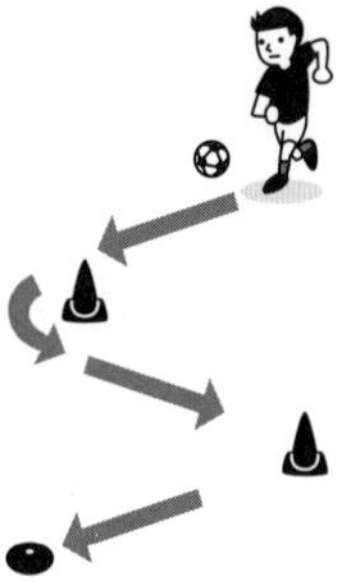

様々なターン

ルール

①各マーカーの間隔を10〜15m
取っておく
②スタート地点からドリブルで進み
コーチに指定されたターンを行い
次のマーカーへ進む。

ターンの種類
・インサイドターン
・アウトサイドターン
・足の裏を使ってターン

※難しかったらボールを持たずに
ボディイメージをする。

期待できる効果

●前庭核の発達
（頭や身体の動き、スピード感、回転、揺れの発達）
●固有受容覚の発達
（身体の部位の位置の把握、筋の伸び縮み・強弱の把握）
●運動企画
（運動するときの順序を頭の中で考え、
それを行動に変えていくような能力）の発達
●姿勢・バランスの発達
●眼球運動の発達
（追視・注視点移行・輻輳・開散など）
●身体図式（ボディイメージ）の発達

けんけんシュート

ルール

①ボールを置く。止まった状態
②ゴールの正面から立ち足（軸足）で
　ケンケンをしてボールに近づく。
③ケンケンの３歩目でボールに合わせて
　踏み込みインステップでシュートする。

バリエーション
・ボールを後ろから転がして
　ケンケンで打つ
・ボールを正面から転がして
　ケンケンで打つ
・ボールを横から転がしてケンケンで打つ
・全ての種類をバウンドさせた
　ボールで行う

期待できる効果

●前庭核の発達
（片脚による頭や身体の動き、回転、揺れの発達）
●片脚立位姿勢によるバランスの発達
●身体図式（ボディイメージ）の発達
●運動企画
（運動するときの順序を頭の中で考え、
　それを行動に変えていくような能力）の発達
●目と手足の協応の発達
（片脚による協調性動作）

股抜きシュート

ルール

①選手から３～５m離れたところに
　コーチが立つ
②選手はコーチの前にボールを一人１個
　持って並ぶ
③選手はコーチの股の間にボールを通し
　ボールを追いかけてシュートする
④股の間にボールが通らなかったら
　列に並んでやりなおす

～バリエーション～
・ボールを手で転がしてコーチの
　股の間を通してシュートする
・右足だけ、左足だけ、と使える足を
　決めてしまう

期待できる効果

●前庭核の発達
（頭や身体の動き、スピード感、回転、揺れの発達）
●姿勢・バランスの発達
●眼球運動の発達
（追視・注視点移行・輻輳・開散など）
●身体図式（ボディイメージ）の発達
●運動企画
（運動するときの順序を頭の中で考え、
　それを行動に変えていくような能力）の発達
●目と手、目と足の協応の発達
（巧緻動作や協調性動作）

さまざまなシュート

ルール

ゴールを設置し色々な方法でシュートする

・ターンシュート

・コーチがボールを前に出し、
選手は追いかけてシュートする

・選手はコーンを走って回る。
コーチがタイミングよくボールを出し、
横からくるボールをシュート

期待できる効果

●ボールを蹴ることによる触覚刺激による発達
●固有受容覚の発達
（走ってシュートすることによる、身体の部位の位置の把握、筋の伸び縮み・強弱の把握）
●走行やシュートモーションでの姿勢・バランスの発達
●身体がどのような姿勢でいるか、
身体図式（ボディイメージ）の発達
●ボールを見ながら、身体を動かすことによる
目と四肢の協応の発達
●運動企画
（どのような順序でシュートまで行うか、頭の中で
考えそれを行動に変えていくような能力）の発達

色々な動き

ルール

①子供たちは横一列に並ぶ
②並んでいる子供たちに、
動きの種類を説明しスタートの合図
③１０〜１５mほどの距離を
何かの動きをしながら進む

動きの種類
・歩く
・スキップ
・後ろ向きで歩く
・手足を動かしながら走る　など

〜バリエーション〜
ボールを使う

期待できる効果

●聴覚刺激による発達
（言語指示や音の統合）
●前庭核の発達
（頭や身体の動き、スピード感、回転、揺れの発達）
●固有受容覚の発達
（身体の部位の位置の把握、筋の伸び縮み・強弱の把握）
●姿勢・バランスの発達
●身体図式（ボディイメージ）の発達
●運動企画
（運動するときの順序を頭の中で考え、
それを行動に変えていくような能力）の発達

逆鬼ごっこ

ルール

コーチが逃げるのを鬼役の選手が
タッチしに行く。
制限時間内に何回コーチに
タッチできるかを競う。

〜バリエーション〜
・時間の調整
・コーチの人数

期待できる効果

●前庭核の発達
（頭や身体の動き、スピード感、回転、揺れの発達）
●固有受容覚の発達
（身体の部位の位置の把握、筋の伸び縮み・強弱の把握）
●姿勢・バランスの発達
●眼球運動の発達
（追視・注視点移行・輻輳・開散など）
●身体図式（ボディイメージ）の発達

爆弾ゲーム

ルール

四角の中に選手は入ります。
鬼は外から爆弾となるボールを転がして
投げて中の人を当てる。
当たった人は外に出て爆弾を
投げる人になる。

〜バリエーション〜
・手で投げて転がす
・バウンドをつけて投げる
・足でキックして転がす

期待できる効果

●眼球運動の発達
（ボールを追いかけることによる追視
　・注視点移行など）
●視覚からの情報・処理の発達
（ボールの動き等空間の識別、他児童や蹴る人が
どのような動きをしているかの識別処理）
●固有受容覚の発達
（身体の部位の位置の把握、
筋の伸び縮み・強弱の把握）
●前後左右への移動による姿勢・バランスの発達
●身体図式（ボディイメージ）の発達
（ボールが当たらないようにするためにどのように
動かせばよいか）

たまご落としゲーム

ルール

①選手全員がボールを持って、
円形のグリット内に入る。
②選手はボールを両手で抱えないで、
片手の手の平に乗せるだけ。
ボールを持つ手は途中で変えられない。
③コーチの合図で、選手は自分の利く方の
手で他の選手のボールを落としに行く。
④ボールを落とされた選手は、
再びボールを手に乗せて再度
ゲームに参加する。

～バリエーション～
コーンを持って、そのコーンの上に
ボールを乗せて行う。
チーム対抗でゲームを行う。

期待できる効果

●視覚からの情報・処理の発達
（空間の中の形や色の識別、周りがどのような動きを
しているかの識別処理）
●前庭核の発達
（頭や身体の動き、スピード感、回転、揺れの発達）
●固有受容覚の発達
（身体の部位の位置の把握、筋の伸び縮み・強弱の把握）
●姿勢・バランスの発達
●眼球運動の発達
（追視・注視点移行など）

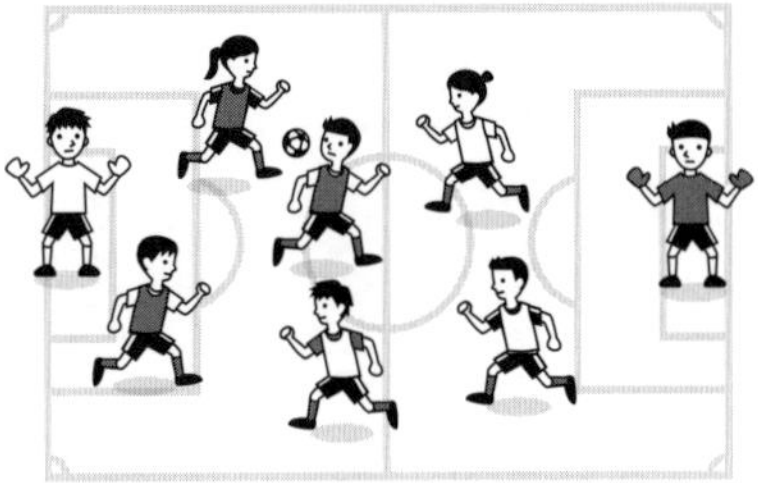

試合

期待できる効果

●聴覚刺激による発達（言語指示や音の統合）
●前庭核の発達（頭や身体の動き、スピード感、回転、揺れの発達）
●姿勢・バランスの発達
●眼球運動の発達（追視・注視点移行・輻輳・開散など）
●身体図式（ボディイメージ）の発達
●視覚からの情報・処理の発達（空間の中の形や色の識別、どのような動きをしているかの識別処理）
●固有受容覚の発達（身体の部位の位置の把握、筋の伸び縮み・強弱の把握）
●運動企画（運動するときの順序を頭の中で考え、それを行動に変えていくような能力）の発達

コラム 2

～発達障がいと一流選手～

私が尊敬するサッカー選手の一人に、イタリアのフランチェスコ・トッティという人がいます。このトッティ氏は、障がい児のためのサッカーキャンプを主宰し、子どもたちの成長を応援しています。名プレイヤーだからこそ、サッカーを教えることが療育に適しているという確信を持っていたのではと思われます。

また、アルゼンチンのサッカー選手、アンヘル・ディ・マリアは幼児期にＡＤＨＤの兆候を示していたため、医師からサッカーを習うようすすめられたことがきっかけでサッカーと出会ったそうです。ディ・マリアは後にトップ選手の仲間入りをします。彼にサッカーをすすめた医師の先見性には脱帽です。

日本においても、Ｊリーグのチームをはじめ、様々なクラブや団体が発達障がいの子どもを対象にしたサッカー教室を開催したり、支援活動を行ったりしています。近年徐々に深まりつつあるサッカーと療育の関係ですが、私も微力ながらカラーズＦＣの活動を通じて、そのムーブメントに貢献できればと願っています。

5 発達障がいについて考える

この章では、何百人もの発達障がいの子どもたちを見てきた者として、今まで学んできたこと、そして療育の現場で感じたことをふまえて、発達障がいとは何かという私なりの考えを伝えていきたいと思います。

まずは、発達障がいが現在の社会でどのように捉えられているかについて。これは分類で見ていくのが一番分かりやすいでしょう。

厚生労働省は、主な発達障がいとして以下のものを挙げています。

＊自閉スペクトラム症（ASD）：コミュニケーションの場面で、言葉や視線、表情、身振りなどを用いて相互的にやりとりをしたり、自分の気持ちを伝えたり、相手の気持ちを読み取ったりすることが苦手。また、特定のことに強い関心を持っていたり、こだわりが強かったりする。感覚の過敏さを持ち合わせている場合もある。

＊注意欠如・多動症（ADHD）：発達年齢に比べて、落ち着きがない、待てない（多動性・衝動性）、注意が持続しにくい、作業にミスが多い（不注意）といった特性がある。多動性・衝動性と不注意の両方が認められる場合も、いずれか一方が認められる場合もある。

＊学習障害（LD）：全般的な知的発達には問題がないのに、読む、書く、計算するなど特定の学習のみに困難が認められる状態。

＊チック症：思わず起こってしまう素早い身体の動きや発声＝チックが、一時的なものではなく持続的に起きる状態。1年以上にわたり強く持続し、日常生活に支障を来すほどになる場合には「トゥレット症」と呼ばれる。

＊吃音：滑らかに話すことができない状態。音をくりかえしたり、音が伸びたり、なかなか話し出せないといった、さまざまな症状がある。

（※厚生労働省ホームページ・令和3年4月1日時点より抜粋）

また、発達障害者支援法（平成28年6月3日改正分）では以下のように定義されています。

この法律において「発達障害」とは、自閉症、アスペルガー症候群その他の広汎性発達障害、学習障害、注意欠陥多動性障害その他これに類する脳機能の障害であってその症状が通常低年齢において発現するものとして政令で定めるものをいう。

これらが、日本における発達障がいの基本的定義と考えて良いとは思いますが、療育の現場では、上記以外の診断名も発達障がいとして扱うことが多くあります。たとえば、知的能力の遅れや、理解力・記憶力・判断力の機能的な遅れが見られる「知的能力障害（ID）」、粗大運動・微細運動が苦手な「発達性強調運動障害（DCD）」といったものです。

ちなみにアメリカでは、アスペルガー症候群は自閉スペクトラム症に含めるとされており、WHOの国際疾病分類（ICD－11）でも同様ですが、これらを別のものとして取り扱う国も多くあります。

こうした事実から分かるように、発達障がいは非常に定義がしづらいものなのです。時代が変われば対象範囲も変わりますし、国によって捉え方も微妙に異なります。

同時に、発達障がいには「ここからが発達障がいに該当する」というはっきりした境界線のようなものがなく、季節の変わり目のように曖昧です。こころの問題なのでそれは当然なのですが、困るのは医療の現場です。診断を下すのは豊富な専門知識を持つ医師や心理士ですが、検査で陰性・陽性と白黒はっきり区別できるものではないので、診断者によって微妙なブレが出ることもあります。診断が難しい場合は「要観察児」となり、発達障がいか否かの境目で宙ぶらりんになります。この境目にいる子どもたちが、最近では「グレーゾーン」と呼ばれたりしているのです。

また、発達障がいは前述の診断名が1つの子どももいれば、「ASDとLDとDCD」といったように、いくつかが重なっていると診断を受けた子どももいます。むしろ、重なっているタイプの子どもの方が多いくらいです。これがさらに、発達障がいの問題を複雑にしています。

そして、診断が行われたのちに、子どもたちは放課後等デイサービスなどの施設にやってきます。特性は様々、症状の度合いも十人十色です。こうした多様性が、発達障がいの子どもたちと向き合うことの難しさを生んでいます。軽度の発達障がいや、グレーゾーンと呼ばれる子どもたちの特性は、いわゆる「個性」や「パーソナリティ」と呼ばれるものと何が違うのか。多くの子どもたちと接してきた中でも、このモヤモヤは私の心から消えることがありませんでした。

発達障がいの子どもたちときちんと向き合い、心のモヤモヤを消すために、色々な書籍に目を通し、先達の言葉を聞き、たどり着いた結論は、「個人が障がいを持っているのではなく、その人の特性と、他者（社会や制度など）との間に障がいがある」という考え方でした。

障がいについてもう一度考えてみる

発達障がいは、先天性の脳の働きの違いであり、その特性によって生活や学習、人間関係などに不都合が生じている状態である……と、一般には言われています。しかし、「障がい」とはそもそも何なのでしょうか？

発達障がいにおいては、簡単に言えば「得意と苦手のデコボコが大きい」ということです。勉強が苦手、じっとしていられない、人の話を最後まで聞けない、でも運動は得意、といったデコボコです。しかし、こうしたデコボコがあるのは人間なら誰でも同じで、時にそれが摩擦を生んだり、何かの役に立ったりします。そのデコボコが大きな人は昔からいましたが、個性として捉えられることも多かったはずです。「ちょっと変わった人」「ユニークな人」と見られることもあったかもしれませんが、個人のデコボコの大半は社会の中に溶け込み、様々な場面で折り合いをつけていたのではないかと思われます。

しかし、今の世の中では、「障がい」と診断名をつけられた途端に見えないラインが引かれ、別の集団として分類され、子どもたちは自信を無くしてしまっているように感じます。もちろん、特別な接し方を考えて向き合う必要がある子どももいると思いますが、そうではない子どもたちもたくさんいるのです。

この、社会のあり方によって分けられたり、分けられなかったりするという点が、私のモヤモヤの原因でもあります。子どもたちは昔と変わらず、生まれてきて自分なりに一生懸命育とうとしているのに、世の中が変化したために障がいと診断名をつけられたり、つけられなかったりするというのが腑に落ちないのです。

こうした社会中心の考え方は、別の問題も孕んでいます。子どもたちは、「発達障がい」と診断名をつけられたことで自信を無くすばかりでなく、「だから私は勉強ができないんだ」「僕が頑張れない理由は障がいのせいだ」といった言い訳を手に入れてしまうのです。こうした思い込みが強くなると、発達支援の効果も出づらくなってしまいます。これは、施設を立ち上げた当初からの、私の葛藤でもありました。

そこで私は、「個人が障がいを持っているのではなく、その人の特性と、他者（社会や制度など）との間に障がいがある」という考え方に改めることにしました。

これは言い換えると、「得意」と「苦手」で考えて、子どもたちの苦手な部分で必要なことがあれば支援し、それ以外は普通に接すれば良いということです。この考え方のもとに子どもたちと接すると、「見えないライン」がなくなり、指導する側も心理的な制約から解放されます。子どもたちにもそれが伝わり、のびのびと活動をするようになるのです。

社会の変化と障がいの変化

前述の「世の中のあり方によって障がいの捉え方が変わる」という点について、興味深い説があります。少しスケールが大きくなりますが、人類の歴史と、人の特性を照らし合わせた考え方です。

人類が狩猟と採集の文明の中で生きていた時代、求められていたのは、四方八方へ同時に注意を配り、何かあれば瞬時に反応してそちらへ動く、あるいは逃げるという能力でした。理由は単純で、それができる人の方が多くの獲物を得ることができ、命の安全も守ることができたからです。こうした特性は、ＡＤＨＤの人に良く見られるものです。

やがて農耕の時代になると、連携して田畑を耕し、協同で作物を育て、収穫するという文化に変わりました。安定した収穫を得るためには、決まった場所で、一定のタームで動かなければならないので、活発な活動の必要性が低くなり、狩りの得意な人々には優位性がなくなりました。

この時代に求められたのは、いわゆる「社会性」です。自分の役割を認識して集団の中で動く、他者と協力しながら何かを成し遂げる、といった能力があれば、ムラの中で生きていくことができました。

これが、生まれてくる時代が違っていたらどうでしょうか。

どんな獲物も逃さず仕留める才能を持っている狩猟時代の人が農耕文化の社会に突然現れたら、落ち着きがなく無駄な動きの多い人だと否定的に捉えられるかもしれません。逆に、農耕文化の社会の人が狩猟と採集の時代に現れたら、単純作業しかできず注意の足りない人だと思われるかもしれません。

その後の世の中でも、たとえば工業化が急速に進んだ時代は、同じ作業を黙って一日中繰り返すことができる人が社会で重宝されました。ASDの人たちには、こうした決まったルーティンを、無駄口を叩かずに集中して繰り返すことが得意だという特性がよく見られます。

そして今の社会は、いわゆる「コミュニケーション社会」です。場の空気や人の顔色を読み、コミュニケーションで他者と協調しながら仕事や作業を進めていくことが求められています。その上、コミュニケーションのあり方もICTツールの広がりなどで多様化し、新しいルールも続々と生まれています。こうした世の中は、コミュニケーションを苦手とするASDの人たちには不利な状況だといえます。


余談ですが、幼い頃の私は、勉強でも遊びでも落ち着きなくおしゃべりしながら手を動かしていたので、そんな私に対して大人たちは「黙って集中してやりなさい」と言ったものでした。しかし今の世の中で、子どもたちは「コミュニケーションを大切にしなさい」「もっと上手に伝えなさい」と教えられます。それが上手くできない人に対して、侮蔑的あるいは自虐的な「コミュ障」といった言葉が使われたりしますが、ちょっと眉をひそめたくなります。
話が逸れましたが、このような、時代の変遷と人間の特性を照らし合わせて障がいを捉えるという考え方は、世界中で多くの人が研究しています。

また、時代だけでなく、社会の様々なシーンでも同じようなことが言えます。たとえば、いわゆる職人と呼ばれる人や芸術家には、強いこだわりや集中力が求められますし、会社の経営者には多方面に同時に気を配り、リスク回避や利益獲得のためにできる何かがあればすぐに反応する行動力が求められます。ある意味において、突出した特性、つまりパーソナリティの「デコボコ」が求められるのであり、万事をそつなくこなしていけるバランスのとれた人（という言い方が正しいかどうかは微妙ですが）には不向きだと言えるのかもしれません。

私がここで言いたいのは、人が生きる時代や場所によって、障がいはその人のポジティブな特性、つまり人のために役立つ長所になる可能性もあるということです。
今は、社会の中で「発達障がい」と呼ばれている特性が、もしかしたら近い将来、社会のあり方が変容して、むしろ社会で有利な能力だと捉えられる世の中になっているかもしれません。また、一般企業の営業職では力を発揮できなかった人が、たとえば陶芸家やシェフになれば、素晴らしい作品や料理を生み出すかもしれません。

仕事のあり方も変わる可能性があります。実際に、コロナ禍では人と人との関係性が薄くなり、個の動きが重要視されるようになりました。フリープログラマーやユーチューバーなど、個人として仕事をする人も増えてきています。その中には、自分の強みを活かして起業し、社会や経済に貢献している人も見られます。

同時に、リモートでの在宅ワークも広く浸透してきており、意志疎通の方法も多彩になりました。今後は「コミュニケーション社会」という言葉の意味も変わってくるかもしれません。社会の流れの中で発達障がいの特性が目立つようになってきたのだとしたら、今後はそれが逆戻りして、社会の中に少しずつ溶け込んでいく可能性だってあるのです。

もちろんコロナ禍を歓迎する気持ちはありませんし、一日も早く収束して二度と発生しないようになればと願っています。しかし、もし最近の風潮が「社会の中で、自分というピースのデコボコを、より当てはめやすい流れ」になっているのだとしたら、この流れの中に発達障がいの人が活躍するためのヒントがあるような気もするのです。そして、その良い部分だけを継続することはできないか、と考えることが大切なのではないかと感じています。

療育の現場では「社会性を育む」という言葉がよく使われ、私自身も度々口にしますが、これは「今の社会に合わせる」という側面を含んだ言葉であって、子どもたちが大人になる10年後、20年後にはどんな社会になっているのか、誰にも分かりません。それなのに、今の社会性を押し付けていいのか……というのも、私の中にある疑問の1つです。

しかし、まだ発達障がいの人たちが活躍できる舞台は世の中に整っておらず、社会をすぐに変えることも困難です。可能性は可能性として頭の中に置いておき、とりあえず今は、目の前の社会から求められていることに対しどう折り合いをつけていくか、という発想が肝要なのだと考えています。「コミュニケーション社会」といわれるほど、人とのやりとりが欠かせない時代の中で、発達障がいの子どもたちがどうやったら生きやすくなるのかを考え、それに対して何らかの行動を起こすこと、それが私たちの仕事です。そして、その行動を通して、子どもたちが自信を取り戻し、前向きに生きることができる大人になってもらいたいと、心から願っています。

6 保護者とのQ&A

カラーズFCの立ち上げ当初から現在に至るまで、保護者の方々からサッカー療育に関する多くの質問が寄せられてきました。ここではそのいくつかをピックアップし、その質問に対するスタッフの回答と共に掲載します。

Q：「うちの子は、今まで運動らしい運動をしたことがないのですが、大丈夫でしょうか？」

A：結論から言うと、全く問題ありません。カラーズFCはクラブチームではありませんし、サッカーの技術向上だけを目指したり、勝ちを追求したりすることはないので、子どもたちはそれぞれの楽しみ方で楽しんでいます。

サッカーを活動の軸に置いてはいますが、カラーズFCはあくまでも放課後等デイサービスです。発達支援の一環としてサッカーを楽しんでもらえるように教えているので心配は無用です。

通所している子どもたちの多くが、全くの初心者から始めています。指導も詰め込み式ではなく、本人のペースに合わせて教えています。現在通っている子どもたちのレベルも様々なので、最初は全然できなくてもOK。本人のタイミングで、次第に理解できるようになっていくでしょう。

Q：「集中力がないのでじっとしていられず、人の話も聞けないのですが……」

A：同じ悩みを持つ親御さんはたくさんいらっしゃいます。カラーズFCでは、集中力の面でも子どもたちが少しずつ成長していけるように支援していきます。

サッカー療育の活動は「動」と「静」のメリハリがはっきりしており、指導者も子どもたちが動きやすいように考えながら、分かりやすい指示を出しています。活動の最初と最後、途中の要所要所で集合をかけて円陣を組み、先生の話を聞いてもらいますが、その一連の行動ができないまま卒業した子はいません。

同じような質問として、「自閉症や多動症の子が集まっても、もとより集団行動が苦手なのでサッカーにならないのでは?」といった声をいただくこともありますが、「発達障がいだから、これはできないだろう」と考えていらっしゃる保護者の方には、「ぜひ見学してください」とお伝えしています。理屈より、活動の現場を見ていただく方がはるかに説得力があるからです。
カラーズFCでは、入所の契約の前に活動の様子を親子で見ていただくというのが基本の流れになっています。そして、見学後の保護者の感想は「みんなすごく楽しんでやっていますね」「きちんとサッカーができているんですね」といったものがほとんどです。

Q:「体をうまく使うことが苦手で、転びやすいのですが」

A:サッカーというスポーツの特性の1つが「バランス」です。プレー中は、走る、止まる、重心を移す、片足で体を支えるといった動きが多く、練習を重ねることで体幹が鍛えられていき、おのずとバランス力も向上していきます。
「転びやすい」ことの原因は様々あると思いますが、サッカー療育の中では前述のバランス力だけでなく、筋力や基礎体力、瞬発力を向上させていくことも目指しています。ご心配の「転びやすい」と言われる子も今まで何度も受け入れてきました。もちろん成長の度合いは一人ひとりによって違いますが、入所してから1～2年も経てば改善される例が多いです。

Q：「言葉ではうまく伝えられず、手が出やすいのが悩みです」

A：カラーズFCでは、サッカーという明確な目的があり、そのルールの枠内で活動するので、子どもたちも夢中になって取り組むことができます。そのため、一般的な事業所と比べてトラブルは極端に少ないと自負しています。誰かに殴られたとか、言い争いがエスカレートしたといった事例は今までほとんどありません。

サッカーのプレー中は、言葉だけでなく、視線や指先など体全体を使ってコミュニケーションをとります。時にはボールそのものがコミュニケーションツールにもなります。こうした側面が何らかの良い作用をしているのかもしれません。

また、スタッフも多めに配置しているので、何かトラブルになりそうな気配があれば近くに行って状況を見て、助言を与えます。ただし、全てのトラブルを指導者が治めるという意味ではありません。
小さないさかいは大切な学びの場でもあります。他者とトラブルになったら、その状況を子どもなりにどう整理して、どう解決するか、というところを指導者は支援していくようにしています。

Q：「カラーズFCに通うことになった場合、親はどう関わっていけばいいのか？」

A：カラーズFCは、子どもたちにとって、家庭、学校に次ぐ「もう一つの場所」になります。基本的にはこの三者が連携して、同じスタンスで関わっていくのが一番です。たとえば家庭での接し方と、学校での支援の方針と、カラーズのアプローチがそれぞれ異なるものだったりすると、子どもは混乱してしまいます。そうしたことを避けるために、三者連携で矛盾がないようにする必要があります。保護者の方はそうした情報共有をしていただければ、他には特別に何かを意識する必要はありません。
参考までに、カラーズFCでは保護者の皆さんからの相談も随時受け付けており、送迎の時にお子さまのことで気になる点について相談を受けたりするケースもあります。そうした場合、その場でアドバイスできることはアドバイスし、できない時には持ち帰って、事業所での朝礼やスタッフミーティングの中で話を共有し、解決方法を探ります。

一例として、以前「夏場は帰宅してから宿題や明日の準備がきちんとできていたけれど、冬場は暗くなるのが早いのでパニックを起こしてうまくできない」という相談を受けたことがありました。そうした際には「スケジュール表」や「確認チェック表」などの支援ツールを作ってお渡しする、といったサポートを行います。これらのツールを使い、自宅に帰ったら何をして次はこれをして何時になって……と確認しながら行動すると、落ち着いて進めることができるようになり、慣れてきたらスケジュール表は必要なくなります。もちろんこれは一人ひとりに合わせて、1点モノで作っていきます。

こうした視覚的サポートは言葉だけで伝えるよりも理解しやすく、それを継続していくことで子どもたちは自立へと向かっていけるようになるのです。

Q：「基本は全部おまかせでOKでしょうか？」

A：これは、放課後等デイサービスを初めて利用される保護者の方からよく受ける質問ですが、基本は「全部おまかせ」というスタンスで構いません。前述のような情報共有による連携は必要ですが、特に意識して何かを準備したり、何らかのアクションを起こしていただいたりする必要はありません。

初めての利用の際には、不安もあるでしょうし、分からないことだらけだと思います。そういった方にはスタッフからきちんと説明をして、気になる部分は納得いくまで質問していただきます。その上で、最終的には「後でお子様から感想を聞いてください」とお伝えします。その後、お子様から話を聞き、「楽しかったみたいです」と安心されているケースが多いです。大切なお子様のためになる時間と場所を選んで提供できた、という安心感が強いのだと感じます。

Q：「発達障害にも色々な子どもがいると思うのですが、混ざって練習や試合をするのですか？」

Ａ：練習や試合はいくつかのパターンを作っています。たとえばサッカーの習熟度でチャレンジクラスとエンジェイクラスのチームに分けたり、高学年・中学年・低学年のチームを編成したり、学年の枠を取り払って縦割りでチーム分けしたり……といった具合です。この編成にはそれぞれのメリットがあります。

たとえば習熟度で分けたチームでは、同じレベルで競い合う楽しさを感じることができ、学年別の編成では同年代ゆえの連帯感をもってプレーすることができます。縦割りのチームでは、低学年の子や入所したての子がボールにさわれないこともありますが、チーム全体でのプレーなので、誰かがゴールを決めたり、試合に勝ったりすると子どもたちは全員で喜びを分かち合うことができます。それぞれの枠組みで子どもたちは楽しんでくれているのです。試合で勝つ・負けるという体験も重要な学びの場だと私たちは考えています。

また、時には指導者もチームに入って、少しレベルを上げてスピーディーな展開にし、変化をつけることもあります。保護者の方をまじえた「親子サッカー大会」も年に数回行っており、この日を楽しみにしてくださっている親御さんも多くいらっしゃいます。

Q：「言うことを聞かない時が多いので、厳しく指導してほしい」

A：保護者の方が、子どもをコントロールすることが難しい状況になっている場合に、こういった相談を受けることがあります。カラーズFCで厳しく接して、その結果として親の言うことも聞くようになってほしい、という要望です。「家でこういうことがあったので、同じようなことをしたら厳しく叱ってください」という要望もあります。

結論から言うと、特定の子に対して厳しく接したり、必要以上に叱ったりすることはありません。発達障がいの子どもたちには自己肯定が必要であり、意図的に厳しく接するのは発達支援という視点から見ると逆効果だからです。

ただ、矛盾するようですが、カラーズFCは他の放課後等デイサービスと比べると「厳しい」と言われます。これは運動を取り入れた療育ならではの特徴です。

スポーツにはルールがあります。プレーにおける礼儀も必要です。また、指導者の言うことを聞かないと安全確保の面でも問題が生じます。だからこそ、障がいに関わらず悪いことをしたらきちんと叱ります。頭ごなしに叱りつけるのではなく、本人の言動のここに問題があったということを指摘し、「こんなことをしたけど、本当はどういう気持ちだったの？」「今はそれについて、どう考えているの？」と、一人ひとりにきちんと向き合って話し合います。

こうしたシーンでも、子どもたちは素直に聞いてくれることが多いのです。なぜなら、先生はサッカーが上手だから。子どもたちも自分より上手な人の言うことには耳を傾けてくれます。これもサッカー療育ならではのメリットです。

また、保護者の方から「うちの子は女性スタッフに対して反抗的な傾向がある」と事前に聞かされたことがありますが、サッカーの練習や試合の中ではそういったことも見られませんでした。全体的に、引き締まった空気があるからかもしれません。

そしてもちろん厳しいだけではありません。プレー中にいいことをしたら、しっかり褒めます。このメリハリで、子どもたちの「頑張ろう!」という気持ちを引き出していくのです。

7 サッカー療育を通して描く未来

「カラーズFC」という名前は、色の「Color」に由来しています。子どもたちの個性は十人十色で、同じカラーの子どもはいません。そのカラーをそのままに、一人ひとりが成長を重ねながら、自信を持って社会に出て行けるようになってほしい。そんな願いが「カラーズ」という名称に込められています。

サッカーにおいても、フォワード、ディフェンダー、ミッドフィルダー、ゴールキーパーとポジションがあり、同じポジションの中でもそれぞれのカラーを活かしてプレーします。活動の中で、子どもたちは自分の得意・不得意を考え、「キーパーをやってみたい」「たくさんゴールを決めたいのでオフェンスがいい」と、自分たちで考え、話し合ってチームを作っていきます。この「自分のカラーを活かせる」という点も、サッカー療育の持つ強みの1つだといえるでしょう。

もちろん、サッカー療育が発達支援において万能だというわけではありません。まれにですが、サッカーに全く興味を示さない子どももいます。そんな時は、保護者とも話し合いながら、原則として本人の意志を尊重します。それはそれでいいのです。「絵を描くのが好き」「音楽が好き」「体を動かすよりも本を読んでいたい」と、自分のカラーを活かせる場所が他にあるならば、そちらに行って輝くべきだと私は思っています。

しかし、まだ興味を持てる対象が見つかっていないとか、自信を無くして何をするにしても意欲がない、といった子どもたちには、「とりあえずやってみよう」と背中を押してあげることにしています。やってみたけれども合わなかったという場合は、一旦サッカーから離れて次の何かを探せばいい、それだけのことです。探し続けていれば、自分のカラーに合った何かが、いつかきっと見つかるはずです。

サッカーを人生の糧に

私がカラーズFCの活動で目指しているゴールは、ひとことで言うと「働けるようになってほしい」ということです。子どもたちが大人になっていく中で、誰かの役に立つようなことをしてほしい。そして、そうした活動が仕事になって、給料をもらい、生計を立てていくという未来が望ましいと考えています。そうなるための基礎づくりにもサッカーはぴったりなのです。

職に就き、働き続けていく上で大切なのは、なにより体力です。体力がなければ、一生を通して生計を立てていくことはできません。

それに加えて、社会では大人としてのふるまいが求められます。感情をコントロールすること、先輩や指導者の話を聞くこと、後輩たちには優しく接すること、身だしなみを整えられること、そしてルールを守ること。これらは、私たちが常に意識しながら子どもたちに伝えていることです。

もう一つ、私個人の経験をふまえて、余暇の過ごし方も大事だと考えています。サッカーを自分の趣味として、進学したり就職したりしていく中でも続けていくことができれば、ストレスの発散にもなり、自分の居場所も確保していけるでしょう。

事実、カラーズFCで活動している子どもたちの中には、「学校ではあまりうまくいっていないけれど、サッカーの場ではうまくいっているから楽しい」という子もいます。ここでしか会えない仲間たちが彼を支えているのです。

これが家庭と学校とを往復するだけの毎日だと、同じ子どもたちとの付き合いがずっと続くことになるので、一度何かにつまずいたら、そのつまずきを取り戻すのも、心の傷を癒すのも難しくなることが多いものです。しかし、学校だけが世界ではありません。たとえそこが居づらい場所になってしまったとしても、それで世界が終わるわけでもありません。カラーズFCは、そんな時に別の仲間たちと一緒に過ごせる「もう一つの社会」としても機能しています。これは大人になっても同じです。

たとえば会社に就職して働き始めると、様々な困難がふりかかってくるでしょう。人間関係のつまずきや仕事上の大失敗を経験するかもしれませんし、同期の社員がどんどん先に昇進して自分に自信を無くす時があるかもしれません。だとしても、職場だけが世界ではありません。違う人と接することで自分をリセットし、また仕事に向かっていくエネルギーを貯める、いわゆるワーク・ライフ・バランスを実現するための場としてサッカーを楽しむこともできるはずです。

そうした場所を将来にわたって持ちながら、人の役に立ち、働くことの喜びを感じ、自分は社会の一員であるという自信を持てる人になってほしい。カラーズFCがその出発点となり、社会で活躍できる人を一人でも多く輩出できれば、と願っています。

サッカー療育の現場からエビデンスを生む！

発達障がいの子どもたちが幸せに暮らせる未来を描きながら、私たちは様々な構想を練っています。その中の1つが、サッカー療育の活動事例からエビデンスを生む、というものです。

カラーズFCの活動では、「評価シート」を作り、子どもたちの得意・不得意を可視化し、成長を確認したり、目標を立てたりすることに役立てています。現在、その内容をより充実させようとしている段階です。目的は、一つの仮説を実証することにあります。

私たちは、家庭や学校と連絡を取りつつ、カラーズFCの活動の中で子どもたちの様子を見守りながら、サッカーで見られる行動パターンと、生活や学習における苦手な部分との間に、何らかの関連性があるのではという仮説を立てています。実際に子どもたちと接しながら行動を見ている中で、この関連性について思い当たるような事例がいくつも出てくるのです。

そこで、より詳細な評価シートを作り、それを大量に蓄積して分析を重ねたら、子どもたちの得意・不得意と、サッカーでの行動パターンにリンクしている部分が見つかるはずだと確信したのです。それを逆に考えると、サッカーの練習に何らかのカリキュラムを取り入れれば、生活面で苦手としているどこかの部分を改善できるようになる、という成果が得られます。こうした指針があると、療育としてのアプローチもより一層しやすくなり、子どもたちへの支援も成果を出しやすくなります。

このようなデータ分析をする際には、分母は多ければ多いほどいい。そのためにも、パートナー企業を増やし、カラーズFCの拠点を全国に展開して、できるだけ多くのデータを収集できる環境を作りたいと考えています。

カラーズFC　特性シート①

児童名：	生年月日：平成　　年　　月　　日	性別：　男　・　女
診断名：	検査結果：	

評価項目			課題・実態・具体的エピソード	支援・配慮
対人社会	場面や指示の理解			
	人の気持ち、心の理解（共感性）			
	常識・社会的ルール（協調性）			
	善悪の判断（価値意識）			
	対人・コミュニケーション力			
	柔軟な対処の困難（こだわり）			
	その他（　　　　　　　）			
行動情緒	指示の受け入れ			
	不注意・集中困難			
	多動性			
	衝動性			
	寡動性・無気力・ぼんやり			
	パニック（興奮・コントロール困難）			
	暴言・暴力			
	心因反応（心理社会的要因）			
	その他（　　　　　　　）			
身体運動	身体・健康			
	粗大運動（全身、協応・筋力）			
	微細運動（手指、足趾の巧緻性）			
	バランス運動			
	その他（別紙機能評価）			
その他	生活習慣・身辺自立			
	家庭での教育・養育配慮			
	登校しぶり			
	その他（　　　　　　　）			

※プラス評価◎、普通○、弱い部分△で表示

カラーズFC　評価シート①

児童名：	生年月日：平成　　年　　月　　日		性別：　男　・　女
診断名：			評価日：
			評価者：
			評価場所：
練習の理解　（　あり　・　なし　）		試合の理解　（　あり　・　なし　）	

項目	評価内容	評価
見る・聴く	1．２秒以上続けてボールを見ることができる。	
	2．話している人に注目（顔を向け）し、話を聞くことができる。	
	3．地面を転がっているボールを目で追うことができる。	
	4．練習中に笛の音を聞いて行動ができる。	
	5．空中にあるボールを目で追うことができる。	
蹴る	1．止まっているボールを目的の場所・人へ蹴ることができる。	
	2．動いているボールを目的の場所・人へ蹴ることができる。	
	3．味方への強弱をつけたシュート・パスができる。	
	4． GK がいない場所へのシュートができる。	
	5．インサイドやインステップなど蹴り分けることができる。	
止める・動く・運ぶ	1．正面から来るボールを足元で止めることができる。	
	2．動いているボールを足元に止めることができる。	
	3．目的の場所までドリブル（ボールを運ぶこと）ができる。	
	4．転がってくるボールをトラップしながら、そのままドリブルする（ボールを運ぶ）ことができる。	
	5．ドリブル（ボールを運ぶ）しながら、物や相手を躱すような動作ができる。	
協応動作	1．洋服の着脱やボタン・チャックをスムーズにできる。	
	2．靴紐を自分で結ぶことができる。	
	3．ボールを怖がらずにキャッチすることができる。	
	4．飛んできたボールをトラップすることができる。	
	5．飛んできたボールを、タイミングを合わせボレーができる。	
集団	1．ボールや道具を使って一人遊びができる。	
	2．個人及びスタッフとの練習に参加できる。（一部でも可）	
	3．集団の中で、個人及び対人での練習に参加できる。	
	4．練習中、列の輪を乱さず並ぶことができる。	
	5．集団での活動すべてに参加できる。	
社会性 コミュニケーション	1．自分から挨拶ができる。（送迎ｽﾀｯﾌ・事務所ｽﾀｯﾌ・女性ｽﾀｯﾌ・男性ｽﾀｯﾌ・全体）	
	2．名前を呼ばれたら返事ができる。	
	3．状況によって（試合・休憩時間）周りを見て行動・声掛けができる。	
	4．自分の思いを相手に伝えることができる。	
	5．スケジュール通り行動することができる。	

※評価、良～普通○、弱い部分×で表示。

※評価の選択で迷う時は、低い方の評価で判断すること。

カラーズFC　評価シート②

○身体機能評価

・握力　右：　　　ｋｇ　左：　　　ｋｇ

・片脚立ち（開眼）　右：　　　秒　左：　　　秒（最大 30 秒）

・片足立ち（閉眼）　右：　　　秒　左：　　　秒（最大 30 秒）

・立位動的バランス　右：　　　秒　左：　　　秒

・２０m走　1回目：　　　秒　2回目：　　　秒

・その他特徴、備考

○評価シート①グラフ

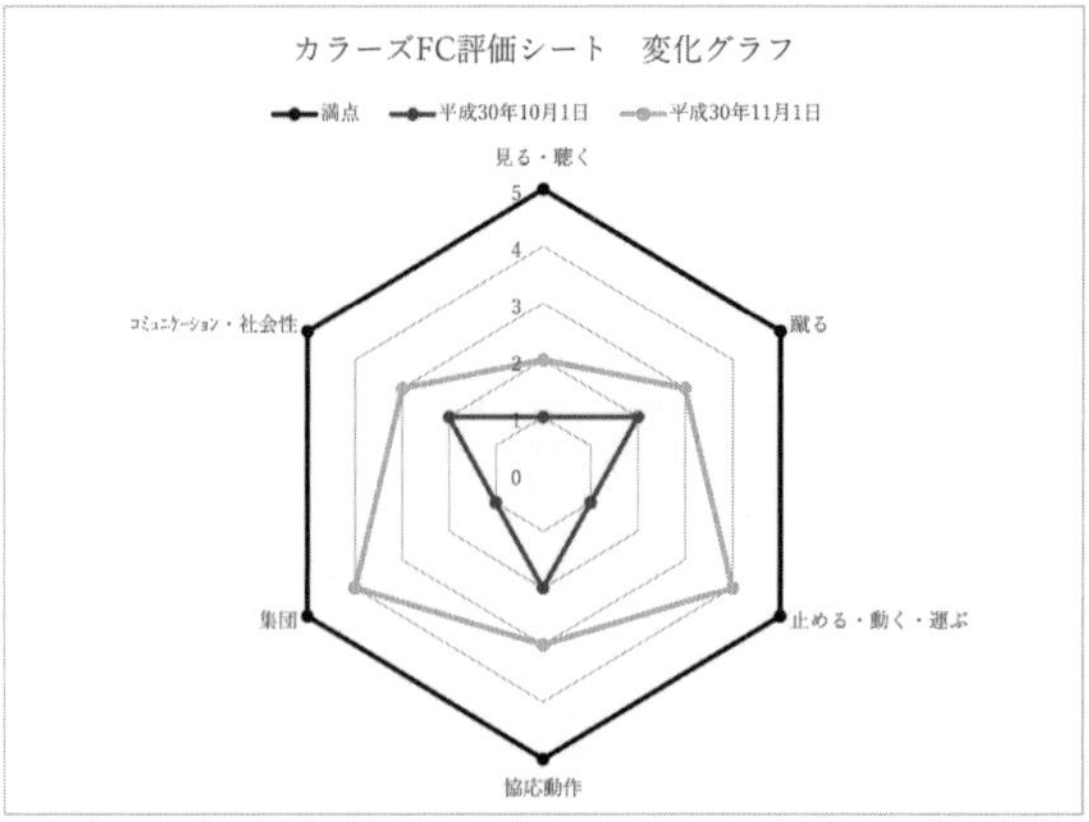

ここまで述べてきたように、「サッカー療育が子どもたちの支援にいい結果をもたらす」という自信はあります。それはカラーズFCで活動をした500人もの子どもたちが証明してくれました。残された課題はエビデンスの獲得なのです。

事実、サッカー療育に限らず、「発達障がいとは」「良い療育とは」ということについても、今のところ明確な答えはありません。そうした中で、サッカー療育をもっと広めて、各拠点から情報やデータを集め、それをもとにした分析を経て、新しいアイデアを生みだすことが大切なのではないかと思うのです。いわば「現場の事例がエビデンスになる」という考え方なのですが、これはどんな専門的考察にも劣らない、むしろ療育業界全体にとって重要なものになるはずだと、私は考えています。

たとえば、新しい練習メニューを取り入れたことによってどんな変化があったか、練習メニューの組み替えで子どもたちの行動の何が変わったか、といったデータを集めて分析し、それが子どもたちの苦手克服などにつながっているという裏付けになれば、こんなに心強いものはありません。それどころか、発達障がいの子どもたちだけでなく、他の色々な場面でも流用できる可能性があります。個人的には、こういったポジティブな活用が、子どもの頃からずっとサッカーと親しんできた私やスタッフの、サッカーへの恩返しにもなるかもしれないとも思っているのです。

これはおそらく、業界で初の試みになるでしょう。放課後等デイサービスは2019年度の時点で全国に約1万4、000の拠点があります。療育の場が増えていること自体は喜ぶべきなのかもしれませんが、現場での連携はほとんど取れていないのが実情です。

より良いサービスを提供しようと努力している事業者は多くあるのですが、もともと横の連携が強いとは言えない業界であり、それに加えてコロナ禍という事情もあって、情報交換が進まない状況が続いています。しかし、この業界にこそ横串を刺して情報の連携をとることが必要なのではないか、というのが私の考えです。

こうした取り組みの結果として裾野が広がり、サッカーをする人が増えていけば、おのずとトップのレベルも上がっていきます。日本代表やプロ選手のレベルと社会的地位が上がっていけば、子どもたちの憧れも大きくなり、サッカーに向かう意欲も増していく、そしてさらにサッカー療育の裾野が広がる……といった好循環が生まれるでしょう。

また、全国には「サッカーをやりたいけれど普通のクラブチームに入れない」とか「配慮が必要なので周りに迷惑をかけないか心配」といった理由で、サッカーを始められない発達障がいの子どもも多くいます。カラーズFCの活動が全国に広がることで、そういった子どもたちの行き場所が生まれ、自信を持って人生を歩むためのチャンスをつかみやすくなる、そんな環境を構築したいという目標もあります。

私の目下の夢は、「放課後等デイサービスのサッカー全国大会開催」です。その夢が実現する日を目指し、これからも子どもたちと一緒にボールを追い続けていきたいと思います。

コラム 3

～「つなぐ書店」の役割について～

サッカー療育の活動以外に、私たちの取り組みの中で紹介したいものがあります。「つなぐ書店」の活動です。

つなぐ書店は、2018年7月に立ち上げたオンライン古書店で、主に寄付で古本を集めて、検品や清掃作業を行い、Web上で販売しています。ここで働くスタッフは、就労継続支援A・B型の方たちが中心で、10名以上が就労しています。

この書店を作った時のコンセプトは、「国のお金をもらわずに、地域の支援や寄付で成り立つような書店を目指そう」というものです。発達障がいの人たちは、いわゆる生産年齢人口に数えられる年齢になったとしても、働ける場所がないかもしれません。そうした人たちへの就職サポートも今後進んでいくだろうと思われますが、実現するのがいつになるのかも分かりません。子どもたちの育ちを支援する人間として、そうした現実をもどかしく思いながら見ているのですが、働ける場所がないなら、いっそ作ろうと思い立ち、この書店をオープンしたのです。

より多くの給料を払うためには仕入にコストをかけたくないので、商品のほとんどは寄付で集めています。寄付といっても、たとえば、「家の片付けをしたら読まない本が出てきたのでこれを寄付しよう」とか、「古本屋の買い取りも高額とは言えないので、それよりも社会の役に立つことをしよう」、と考えてくだされば、ということで決して大げさなものではありません。今は一般からの寄付と、大学で不要になった古本の寄贈を中心に取扱いを増やしています。コツコツと地道な積み重ねを続ける事業ですが、この活動も着実に進んでいます。

発達障がいの人が本当に働けるかどうかは、社会における抜き差しならない問題です。発達障がいと診断された人の数は、厚生労働省の２０１８年推計で約48万人とされています。これらの人たちに就職の機会が与えられなかったとしたら、それはあまりにも残酷です。当然、国の将来にも影響を及ぼすでしょう。

もちろん既存の就労支援といった制度も存在しますが、一般的に給料は低い傾向にあります。そんな中で、自信と誇りをもって働ける環境は作れないかと考え、いわばモデル事業のような取り組みとして立ち上げたのが「つなぐ書店」です。これが事業として成り立ち、発達障がいの人たちが自立を実現する場所にできるかどうか、これからも仲間たちと共にチャレンジを続けていきます。

ゆうと君が
FCカラーズに入って
一年後…
ワァァァ…!
カラーズFC
親子サッカー
大会会場
がんばれー!
ゆうと!
こっちだ!
パパ!

ナイスパス！
ぽーーん
あちゃーっ！
ぽかん
わーー!!
ゆうとパパ
どんまい！
ドンマイ！
みんな…
わー!!

ピーーッ
選手交代！
足がガタガタだ…
ヒーヒー
ブルブル
ブルブル
おつかれさま！
ねえ ほら 見て！
ゆうとが みんなとパスを つないでる…

ワーワー
あんな姿
去年は想像も
できなかったな
ほんとに
ピッピピーーッ
試合終了！
勝ったーー！
やったーー！
わあっ！

行ってきまーす！
気をつけてね！
ゆうと
サッカーはどう？
たのしいよ
パパもお仕事がんばって！
おう！

キーンコーンカーンコーン
おーい
もうお迎えの車来てる!
あっ
ゆうと君はいつもどこ行ってるの?
ニコ
サッカー!
僕は皆とサッカーするのが大好きなんだ!

あとがき

本書を読んでいただき、誠にありがとうございます。

この一冊は、「サッカー療育の素晴らしさを、一人でも多くの人に伝えたい」という私の思いから生まれました。サッカー療育にはまだ研究中の部分も多く残されていますが、これを読んでくださった方が内容に共感し、サッカー療育というものに興味を持っていただけたなら、発達支援の活動に携わるひとりの人間として冥利に尽きるというものです。

＊　＊　＊

カラーズＦＣの活動の中で、子どもたちは本当にイキイキとした表情を見せてくれます。プレー中は互いに声を掛け合い、点が入ればハイタッチをして、試合に勝ったらみんなで手を取り合って喜びあい、笑顔を溢れさせます。教室はいつも明るく賑やかです。

そんな様子を見ていると、ふと「この子たちは、他の子どもと何が違うのだろう？」という疑問が心に湧いてくることがあります。

本編で触れた通り、私自身も発達のデコボコがある子どもでした。そんな私を、家族も学校も、社会でも受け入れてくれました。みんな「少し変わった子」だと感じていたかもしれませんが、他の子たちと同じように接してくれたおかげで、（紆余曲折はありましたが……）今の私があります。

あの頃、もし差別を受けたり排除されたりすることがあれば、自分はどんな大人になっていたか、想像もつきません。

しかし、今はもうそんな時代ではないのです。

発達障がいの子どもたちは、サポートを必要としています。それは自己肯定へのサポートであり、同時に「将来の自立」というゴールを見据えたサポートでなくてはなりません。そして、サッカー療育にはそれを実現できる力がある、そう私は信じています。

それだけではなく、サッカー療育は、私が今感じているよりも、もっと大きな力を秘めているはずです。しかし、私たちだけでその力を十分に発揮することは困難です。

もっともっとサッカー療育の輪を広め、パートナー企業として一緒にサッカー療育を進めていく仲間を増やして、ノウハウも惜しみなく提供し、発達障がいで困難を抱えている子どもたちが自立を目指せる場所を作っていきたい。そして子どもたちが障がいを乗り越え、自分らしさを発揮しながら、誇りを持って生きていけるように支援していきたい。そんな思いを胸に、これからもカラーズＦＣは活動を続けていきたいと思います。

【著者プロフィール】

辻榮 勇人（つじえ・はやと）

株式会社ハートアップ 代表取締役

1983年7月生まれ。宮城県出身。東北大震災を経験し、失意のなか、知人の経営者に誘われカンボジアで働き始める。そこでの出会いを通じて「いつか日本に戻ったら、将来への課題に向けて何か貢献できる仕事をしたい」と、経営者への道を目指すことに。
帰国後、介護施設の施設長を経て、2016年にサッカー療育の放課後等デイサービス「発達未来塾 カラーズ」を立ち上げる。以来、500名以上の子どもたちをサポートし、現在は自社で7事業所を展開。旭川、仙台、上尾、立川に続いて全国でサッカー療育を広めるため奮闘している。

今日《きょう》からはじめる！サッカー療育《りょういく》

令和3年11月30日 初版発行

著　者　辻榮勇人
漫　画　海上　潤
発行者　田村志朗
発行所　㈱梓書院
〒812-0044 福岡市博多区千代3-2-1 麻生ハウス3F
tel 092-643-7075　fax 092-643-7095

印刷製本　青雲印刷

ISBN978-4-87035-728-0